中国经验

全民健身迈向全民健康的浙江经验

徐平　易帆　祝良◎著

光明日报出版社

图书在版编目（CIP）数据

全民健身迈向全民健康的浙江经验 ／ 徐平，易帆，
祝良著 . -- 北京：光明日报出版社，2025.2. -- ISBN
978 - 7 - 5194 - 8386 - 9

Ⅰ. G812.4

中国国家版本馆 CIP 数据核字第 2025A8E587 号

全民健身迈向全民健康的浙江经验

QUANMIN JIANSHEN MAIXIANG QUANMIN JIANKANG DE
ZHEJIANG JINGYAN

著　　者：徐　平　易　帆　祝　良

责任编辑：王　娟　　　　　　　责任校对：许　怡　乔宇佳

封面设计：中联华文　　　　　　责任印制：曹　诤

出版发行：光明日报出版社

地　　址：北京市西城区永安路 106 号，100050

电　　话：010-63169890（咨询），010-63131930（邮购）

传　　真：010-63131930

网　　址：http：// book. gmw. cn

E - mail：gmrbcbs@ gmw. cn

法律顾问：北京市兰台律师事务所龚柳方律师

印　　刷：三河市华东印刷有限公司

装　　订：三河市华东印刷有限公司

本书如有破损、缺页、装订错误，请与本社联系调换，电话：010-63131930

开　　本：170mm×240mm

字　　数：150 千字　　　　　　印　　张：13.5

版　　次：2025 年 2 月第 1 版　　印　　次：2025 年 2 月第 1 次印刷

书　　号：ISBN 978 - 7 - 5194 - 8386 - 9

定　　价：85.00 元

浙江省哲学社会科学规划课题（24NDQN192YBM）

目　录
CONTENTS

导　言

2020 年，在党的十九届五中全会上，"全体人民共同富裕取得更为明显的实质性进展"作为 2035 年的远景目标被首次提出来，实现共同富裕是社会主义的本质要求，它凸显了共同富裕在党和国家发展战略中的关键地位，彰显了共同富裕在中国特色社会主义进入新发展阶段的时代价值。2021 年的中央财经委员会第十次会议上，扎实促进共同富裕更是成为主要议题之一，其重要性不言自明。共同富裕是全体人民共同富裕，是人民群众物质生活和精神生活都富裕[①]，更是个体和社会全面发展的终极目标，实现共同富裕必须依靠人民群众这一主体团结合作、艰苦奋斗、劳动创造[②]；所以共同富裕既是一个经济问题，也是一个社会问题，更是一个政治问题。共同富裕的内涵是全体人民的富裕，是全面发展的富裕，是公平正义的

---

① 习近平. 扎实推动共同富裕 [J]. 求是，2021 (20)：4.
② 吴文新，程恩富. 新时代的共同富裕：实现的前提与四维逻辑 [J]. 上海经济研究，2021 (11)：6.

富裕，是差别有序的富裕。① 也就是说，共同富裕既不是少数人的富裕，也不是平均主义的富裕，而是鼓励、支持全体人民在改革发展中通过勤劳致富、创新致富、发展致富、改革致富。

扎实推进共同富裕，需要解决三大难题。首先，改革开放以来，我国的贫富差距逐渐拉大，1978 年，我国的基尼系数是 0.317，到2018 年，则为 0.467，超过了 0.4 的国际警戒线。② 而这种贫富差距主要表现为城乡发展速度、地域资源分配和各阶层收入水平的不平衡。其次，经济的快速发展，充裕了人们的物质财富，却也加剧了生产关系的复杂化和精神生活的贫瘠化。即人们内在的发展渴望——全面发展的需求在物质财富日益增多的当下没有得到满足。最后，习近平总书记指出，"我国现阶段存在的有违公平正义的现象"，公平正义的实现，则能够保证全体社会成员平等享有教育、医疗、福利、就业等权利。③ 公平正义问题是社会文明发展的产物，是人们追求美好生活以及和谐社会的体现。而全民健康使得个体拥有了努力拼搏的革命本钱，使得社会拥有了高质量的人力资本，还能为国家发展提供持续的精神动力。全民健康作为全体人民共同富裕的基石，是全民共富不可或缺的构成要素。而全民健康又依托于全民健身，即全民健身是全体人民增强体魄、幸福生活的基础保障，

---

① 张占斌，吴正海. 共同富裕的发展逻辑、科学内涵与实践进路 [J]. 新疆师范大学学报（哲学社会科学版），2022，43（1）：42.
② 葛和平，吴福象. 中国贫富差距扩大化的演化脉络与机制分析 [J]. 现代经济探讨，2019（5）：23.
③ 林进平. 中国特色社会主义公平正义的理论特质 [EB/OL]. 人民网，2019-10-25.

也是全民健康实现的前端要地和有力支撑。①

　　在经济全球化时代，埃博拉疫情、禽流感疫情、"非典"疫情、新冠疫情等重大公共卫生事件频发，严重危害人类生命安全和身体健康。② 尽管健康问题一直是世界各国关注的公共议题，世界各国也在持续不断地探索新方法、新手段、新合作机制等策略来解决，但是从未像今天这样，健康牵动着每个个体的命运以及全球人类的共同命运。也正是由于这些公共卫生事件的发生，带来了重建健康世界、重启健康生活的契机。疫情防控期间各个国家的卫生服务水平差距进一步凸显，而其他一些致死率较高的重大非传染性疾病的有关工作被延误。可这并不代表它们不重要，相反，这些疾病同样与我们人类长期共存，是需要我们人类去战胜的医疗难题。世界卫生组织发布的《2019 年全球健康评估》报告显示，在 2019 年全球十大死亡原因中，非传染性疾病占了 7 项，导致了全球约 44% 的死亡。因此，基于我国在 2016 年部署实施"健康中国战略"，随后在 2019 年印发《国务院关于实施健康中国行动的意见》，紧接着在 2020 年的第 73 届世界卫生大会视频会议开幕式上，习近平总书记呼吁，共同构建人类卫生健康共同体。以上，充分显示了我国对全民健康问题的高度重视，以及在全球健康问题中的大国担当。

　　另一方面，在全球治理赤字日益加重、数字鸿沟不断扩大的当

---

① 刘国永. 实施全民健身战略，推进健康中国建设 [J]. 体育科学，2016，36（12）：3-10.

② 齐峰，朱新光. 全球健康正义的践履与人类卫生健康共同体的构建 [J]. 广西社会科学，2021（8）：128.

下，国与国之间的贫富差距也越发凸显，造成了国际格局动荡变化，以及国家之间发展失衡，纷争不断，严重阻碍了人类社会的发展和进步。① 目前，我国的贫富差距已经超过破坏拐点②，并且贫富差距扩大的幅度过大、速度过快，扶贫工作任重道远。而在新冠疫情在全球范围内肆意蔓延的这几年，世界各国的经济发展均遭到了程度不一的冲击。一些发达国家的利率已经是零利率或是负利率，虽然采用非常规的量化宽松甚至无限量量化宽松，以及高达 GDP10% 甚至 20% 的财政援助计划，其出现经济衰退已经是必然。③ 2020 年 4 月 17 日国家统计局数据显示，我国一季度的国内生产总值出现了自 1992 年以来的首次负增长。为了应对贫富差距，我国从最早的《国家八七扶贫攻坚计划》（1994 年由国务院制定和发布），到 2001 年的《中国农村扶贫开发纲要（2001—2010 年）》，再到 2015 年的《中共中央国务院关于打赢脱贫攻坚战的决定》，充分展现了党带领全国人民脱离贫困、走向共同富裕的决心和使命。在一系列脱贫攻坚举措的实施下，中国将率先成为实现消除一切形式的极端贫困的发展中国家，从而为人类减贫事业做出新贡献。

当前，中国特色社会主义进入了新时代。在新时代我国的社会主要矛盾发生变化之际，人民对美好生活的向往成为党和人民第二个百年奋斗的目标。回顾过往，改革开放 40 多年来，中国经济总量

---

① 袁银传，高君. 习近平关于共同富裕重要论述的历史背景、科学内涵和时代价值 [J]. 思想理论教育，2021（11）：35.
② 赵建勋. 危险信号：中国贫富差距超"破坏拐点" [EB/OL]. 凤凰网，2018-09-19.
③ 林毅夫. 疫情下的全球经济及中国应对 [J]. 理论导报，2020（6）：54.

增加了 80 倍，对世界经济的贡献率增加了 8.3 倍；经济结构越来越优化；经济增长由粗放式规模增长转变为集约式内涵增长。① 那么，当前以及接下来较长一段时期，最紧要的任务之一就是推进改革发展成果惠及全体人民，提高人民健康水平，进一步提升人民生活质量，促进全体人民共同富裕。其中，"提高人民健康水平"是《"健康中国 2030"规划纲要》承诺实现的一个宏伟愿景，而"全民健身"则是实现这个宏伟愿景的"先导"和"关键路径"之一。② 这是由于全民健身是全体人民增强体魄、愉悦精神、健康生活的最佳手段，而人民身心健康既是健康中国的重要内涵，也是全国人民实现共同富裕的基础和保障。从 2014 年，全民健身上升为国家战略，到 2021 年发布的《中华人民共和国国民经济和社会发展第十四个五年规划和 2035 年远景目标纲要》中，5 次提及"健身"，由此可见，全民健身与国家经济和未来社会的发展息息相关。

此外，《中国居民营养与慢性病状况报告（2020 年）》显示，一是超重肥胖上升速度较快，流行水平较高，全人群均受影响，具体表现为成年居民超重肥胖超过 50%，6 ~ 17 岁的儿童青少年接近 20%，6 岁以下的儿童达到 10%；二是我国慢性病患者基数仍将不断扩大，因慢性病死亡的患者比例也会持续增加，2019 年我国因慢性病导致的死亡人数占总死亡率的 88.5%，而超重肥胖又是引发诸多慢性疾病的危险因素，既不利于青少年儿童的正常发育和健康成长，

---

① 史亚洲. 改革开放 40 年经济改革成就、特征与经验 [J]. 西安财经学院学报，2019，32（4）：31.

② "全民健身"与"全民健康"深度融合：南京体院教授王正伦解读《"健康中国 2030"规划纲要》[EB/OL]. 搜狐网，2016-11-05.

也不利于成年人的职业生涯发展和生活质量提高。面对复杂多样的体质与健康形势，现有的以"药物治疗"为核心的卫生保健体系难以应对我国面临的健康问题，以及该问题所带来的高昂的经济代价。① 通过自然且绿色的方式提升全国国民健康水平，是大势所趋，且"运动促进健康"的观点受到社会各界的广泛认同。于是，在2016 年发布的《"健康中国 2030"规划纲要》中就明确提出，通过"广泛开展全民健身运动，加强体医融合和非医疗健康干预，促进重点人群体育活动"② 等方式来提高全民身体素质。在这一背景下，全民健身是全民健康的强有力支撑，而全民健康水平与质量的普遍改善，直接关乎国家共同富裕目标的实现。

在这一国内外的发展局势之下，我国向第二个百年奋斗目标迈进的号角已经吹响，而全民共富是实现这一目标的应有之义。广大人民群众既是物质财富和精神财富的创造者，也是共同富裕成果的享有者，而健康则是其持续艰苦奋斗的动力源泉，更是其作为享有者的基础保障。全民健康是立国之本，更是托起全民共富的坚定基石，而作为国家战略的全民健身，不仅是促进全民健康实现的有效手段，而且还是提高国家综合实力、推进经济社会发展进步的重要途径。这是由于全民健康是在个体生命全周期过程中实现包括生理健康、心理健康、精神健康和社会适应良好在内的全身心健康③，其

---

① 廖远朋，王煜，胡毓诗，等. 体医结合：建设"健康中国"的重要途径 [J]. 成都体育学院学报，2017，43（1）：6.

② 中共中央 国务院印发《"健康中国 2030"规划纲要》[EB/OL]. 中国政府网，2016-10-25.

③ 卢文云，陈佩杰. 全民健身与全民健康深度融合的内涵、路径与体制机制研究 [J]. 体育科学，2018，38（5）：27.

覆盖人群范围是全体公民。全民健康的覆盖能够确保现在和将来所有人都可以获得预防、促进、治疗、康复等所需的卫生服务，而不会有经济损失或陷入贫困的危险。这样在一个全民健康的社会中，家庭的医疗支出减少，健康资源更为普及，个体的健康资本提升，从而被赋予更高层次权利的追求。在此基础上，社会的发展质量和效益得以提升，个体的全面发展就有了强有力的支撑，社会公平公正的实现也就有了可能。全民健身促进全民健康具体表现为，一是能为体育运动的全民化提供物理空间，也使得人们闲暇之余有地方可去，充实了其休闲生活，满足了其精神需求；二是为人们提供丰富多样的活动赛事，久而久之，其身体机能各方面的指数均发生相应的变化；三是为人们提供科学的健身指导服务，潜移默化中促进其形成积极的健康观，由被动健康转向主动健康，进而养成良好的生活习惯。

浙江省实施"八八战略"以来，在探索体育高质量发展过程中取得了明显成效，具备建设开展体育助力共同富裕示范区的基础和优势。在2021年年底，国家体育总局率先与浙江省政府签署《关于支持浙江省体育领域高质量发展建设共同富裕示范区的合作协议》，其中就包括支持浙江省建设全民健身公共服务示范区，指导制定高质量、全覆盖、均等化全民健身公共服务省域建设规范和服务指南，开展标准化全民健身公共服务体系建设等。鉴于此，基于共同富裕背景，全面系统地梳理、总结、提炼、形成具有浙江辨识度和影响力的全民健身迈向全民健康的浙江经验，打造"重要窗口"，为全省经济和社会发展增加新动力，与此同时，发挥浙江省示范区的辐射效应，为我国共同富裕这一目标的实现贡献了来自浙江省全民健身领域的样板和智慧。

本书循着"社会生态—理念及目标—运行机制—运行模式—管理方式"的写作逻辑展开，而每一部分又以"理论基础—实践案例"的分析框架进行。这样设计的原因在于，将生动的案例融入相对枯燥的理论之中，使得案例与理论一一对应，让每个部分的内容变得"有血有肉"，从而增强了本书的可读性。就此，本书提炼了从全民健身迈向全民健康的"浙江经验"包括五个方面，即全民健身迈向全民健康的社会生态（第一章），全民健身迈向全民健康的理念及目标（第二章），全民健身迈向全民健康的运行机制（第三章），全民健身迈向全民健康的运行模式（第四章），全民健身迈向全民健康的管理方式（第五章）。从表面上来看，五章内容彼此独立，但实际上章与章之间存在着由宏观到中观再到微观的内在逻辑。在此基础上，对全民健身迈向全民健康的未来发力点（第六章）进行探讨。

第一章　全民健身迈向全民健康的社会生态

一、符合世界文明发展规律且顺应绿色发展潮流

（一）生态文明的基本内涵

人类文明的发展大致经历了原始文明、农业文明和工业文明三个阶段，而当前，人类文明正在向生态文明迈进。生态文明，也被称为"绿色文明"，是人类文明发展理念、道路和模式的深刻变革。生态文明作为人类文明的一种新形态，摒弃了机械论的自然观（工业文明的产物，即为了经济的增长而无视对生态环境的保护，最终造成严重的生态危机，使经济发展难以为继），认为人与自然具有一种有机的生命联系。[①] 正如习近平总书记多次强调的"人与自然是生命共同体"，以及明确指出，"坚持人与自然和谐共生"。从纵向

[①] 陈艳波，王奕霖. 人类文明新形态的世界历史意涵 [J]. 云南师范大学学报（哲学社会科学版），2022，54（3）：6.

来看，生态文明是人类发展迄今为止最先进的文明形态，也是人类对传统三大文明尤其是工业文明批判超越的结果，还是人类历史发展不可逆转的潮流；从横向来看，生态文明是现代社会的第四大文明领域，是与物质文明、精神文明和政治文明并列的一种新型文明形式，是协调人与自然关系的文明。而这种关系始终是人类文明演进的动力机制之一，从人对自然的依附，到人与自然的对立，再到人与自然的和谐，两者的关系随着文明形态的变化不断发生变化。毋庸置疑，在生态文明中，人与自然是一种和谐的关系，社会经济文化等各领域的发展都要顺应自然和尊重自然。新时代，中华民族形成了习近平生态文明思想，包含了生态历史观、生态自然观、绿色发展观、生态民生观、系统治理观、生态法治观、全球共赢观等。① 故坚持绿色发展，坚持生态利民、生态惠民和生态为民是生态文明的特质，也是生态文明发展的使命。

（二）浙江遵循绿色发展潮流

尽管生态文明已经出现，也成为人类文明发展的必然趋势，但是当前人类还主要处在工业文明中，面临着诸多工业文明带来的危机，而这些危机都不是短时间内就能解决的，如大气污染、臭氧层破坏、全球变暖、水资源短缺、土地沙漠化、森林减少、物种灭绝等。为了应对危机，奔向生态文明，1987 年，世界环境与发展委员会发表的《我们共同的未来》指出，世界各国政府和人民必须从现

---

① 包庆德，宁琳琳. 新中国成立以来中国共产党的生态保护与绿色发展使命 [J]. 城市与环境研究，2022（2）：102.

在起对经济发展和环境保护这两个重大问题负起自己的历史责任；1992 年，联合国环境与发展大会通过的《21 世纪议程》将环境、经济和社会关注事项纳入一个单一的政策框架中，具有划时代的意义；2016 年，正式启动《2030 年可持续发展议程》，至此全球可持续发展进入 2.0 时代。2008 年，时任联合国秘书长的潘基文在联合国气候变化大会上提出的"绿色新政"概念，随即成了后金融危机时代可持续发展的主导性话语。在此背景下，绿色发展也由经济领域渗透到国家发展的各个方面，并成为新阶段世界发展的主旋律。

2002 年，浙江省提出了建设"绿色浙江"的战略目标，努力保持人口、资源、环境与经济社会的协调发展，并将其放在诸项工作的突出位置。中国人民大学国家发展与战略研究院发布的《中国经济绿色发展报告 2018》显示，浙江绿色发展指数位居全国第一，成为建设美丽中国的先行者和示范者。在"八八战略"实施后，浙江省历届省委、省政府始终坚持以人民为中心，积极践行"绿水青山就是金山银山"理念，深入推进"最多跑一次"改革，充分发挥政府在绿色发展过程中的主导和引领作用，保证绿色发展的公共服务供给。浙江以绿色发展推动人与自然和谐共生，深入开展生态文明示范创建行动，从城到乡，由山至海，移步成景，"全域大花园"形象初显。而在共同富裕示范区建设的当下，浙江省一贯坚持绿色发展，高水平推进人与自然和谐共生的现代化建设，促进经济社会发展全面绿色转型，打造生态文明高地的发展图景，让绿色成为浙江发展最动人的色彩。

绿水青山既是自然财富、生态财富，又是社会财富、经济财富。

生态环境保护和经济发展是辩证统一的关系，良好的生态本身蕴含着无穷的经济价值，能够创造源源不断的综合效益，促进经济社会可持续发展。加强生态文明建设、推动绿色发展，首先应确立"生态优先"的价值导向，这也是习近平生态文明思想的重要内容之一。浙江省在探索绿色发展的道路上，不仅将"生态优先"作为其政治导向，而且还作为其价值追求，既将其贯穿于省级政府部门的顶层设计和政策制定之中，也将其连接到各地方政府及各职能部门的日常工作环节中，也将其融入市民的工作和生活里。从统筹全省生态文明建设工作的战略性文件——《浙江生态省建设规划纲要》的发布，到推进全省生态文明建设的行动性纲领——《中共浙江省委关于推进生态文明建设的决定》的实施，再到每个领域联动和响应性文件的出台，如《浙江省循环经济发展纲要》《浙江省发展生态循环农业行动方案》和《浙江省促进工业循环经济发展规划纲要》等，均是浙江省进行整体布局，推进绿色发展向纵深发展的体现。在全民"生态优先"价值观的树立过程中，浙江省则通过向全省公民发出低碳绿色生活倡议的方式，号召全省人民过低碳生活，创造绿色家园，如提倡购买简单包装的商品，选购绿色产品和食品，少用一次性制品，使用节能电器，多骑自行车，多坐公交车，亲近大自然等。与此同时，组织极具创意性的群众环保活动，如"我心中的绿色"环保音乐朗诵会，"梦想绿色天堂"大型环保时装秀和"天天环保、绿色承诺"活动等，传递绿色生活新时尚，让环保意识深入民心。

另外，2010 年，浙江省第十一届人民代表大会常务委员会第二

图 1　环保时装秀

图片来源：浙江长兴：环保时装秀［EB/OL］．人民网，2022-05-26.

十次会议决定，每年 6 月 30 日为"浙江生态日"，这是我国设立的首个省级"生态日"，它已经成为浙江建设生态文明、挖掘生态潜力、激发生态活力、彰显生态魅力的有效载体。在这之后的每年 6 月 30 日，浙江省都推出了不同主题的活动，调动全省积极参与，为打造"富饶秀美、和谐安康"的生态浙江做出努力。除了围绕浙江生态日设计的系列活动外，浙江省也精心打造了其他各类活动，与浙江生态日的主题活动形成互补，其中较大型的活动有浙江省生态音乐节。浙江省生态音乐节是由浙江省环保厅、浙江在线新闻网站联合策划打造的大型环保公益活动，每年推出不同主题的活动，旨在激发公众参与环境保护的热情，并借此向全国展现浙江的生态活力与生态魅力。2016 年 10 月 15 日，浙江省首届生态音乐节在台州天台县街头镇后岸村开幕，此次音乐节引入多个环保创新元素，旨在以音乐为传播载体，传递绿色、低碳、环保生活方式的理念。2020年，是不同寻常的一年，6月30日这天，浙江省第十个"生态日"暨第五届浙江省生态音乐节启动仪式在杭州市富阳区新登镇拉开帷幕，全省社会各界人士代表与绿色家庭成员，围绕"美丽中国我是行动者"主题共话环保与绿色生活。

随着工业化进程的加快，全球面临着前所未有的环境危机，浙江坚定不移地选择了生态优先、绿色发展的战略定位，这不仅是对自然规律的尊重，也是对经济规律、社会规律的尊重。在这条绿色发展的道路上，浙江省通过顶层设计、价值引领，动员全省上下齐参与，共同践行、改变和创造，走出了一条社会经济发展与生态文明相辅相成的新路。

二、传承了中华文明的基本精神和中华民族的生态智慧

（一）中华文明精神和生态智慧的价值意蕴

中华文明没有像其他文明一样消失于历史长河中，反而数千年不曾中断，这与中国古代思想家们很早就意识到生态环境优劣决定人类存亡这一思想有着重要关联，其中热爱自然与保护生态的传统是中华先民留给当代中国人的巨大精神财富。如儒家三大代表人物孔子、孟子、荀子共同秉持"仁民爱物"的原则，老子"道常无为而无不为"的思想，以及庄子"齐同万物"的态度等，尽管中国古代哲人观点各异，但天人合一思想却是各家各派共同的理论基础与

思维取向，所以中华先民看重事物的整体性与关联性，追求天、地、人共生共存的精神世界。① 而这一思想随着中华文明的发展，逐渐构成了中华文明基本精神的一部分，同时成为中华民族凝聚力的思想源泉，更是推动中华民族不断进步的内在动力。天人合一，表达着一种整体性的视野、生机化的形态以及和谐性的追求，指明了人与自然是和谐共处的关系，体现了人类生生不息、前仆后继，与天地万物共同存在、发展、创造的完美主义理想和拼搏进取精神，反映了古人认识世界的能力与智慧，是中华民族世界观、价值观下全面性、先进性和创造性的高度凝练。新的时代背景下，我们必须尊重自然、顺应自然、保护自然，像保护眼睛一样保护生态环境，像对待生命一样对待生态环境，努力建设人与自然和谐共生的现代化②，即处理好人与自然的关系，为人类的可持续发展创造良好的外部环境。

（二）浙江传承了中华民族的文明精神和生态智慧

2003 年，浙江省委、省政府成立了"浙江生态省建设工作小组"，省人大常委会通过了《关于生态省建设的决定》，省委、省政府举行了"全省生态省建设动员大会"，下发了纲领性文件《浙江生态省建设规划纲要》，浙江就此拉开了生态省建设的大幕。2019年，浙江通过了国家生态省建设试点验收，建成全国首个生态省，

---

① 刁生虎. 习近平生态文明思想对中华传统生态智慧的传承与发展［J］. 江苏社会科学，2022（2）：17.

② 孙金龙. 深入学习贯彻习近平生态文明思想　加快构建人与自然和谐共生的现代化［EB/OL］. 中国政府网，2022-01-28.

率先探索出一条经济转型升级、资源高效利用、环境持续改善、城乡均衡和谐的高质量发展之路。浙江的社会生态文明建设，就是在更高层次上建立人与自然协调发展的新的动态平衡，与中华文明的基本精神一脉相承，是新的时代背景下中华民族生态智慧在浙江大地上的生动实践。

浙江在生态省的建设中始终坚持理念先行，即以习近平生态文明思想为引领，遵循自然、经济和社会的发展规律，树立集约、高效、永续的发展理念，努力转变经济增长方式，加快新型工业化步伐，大力发展生态经济，不断改善生态环境，实现人与自然的和谐共处、经济和社会的协调发展。在这一指导方向下，省委、省政府始终高度重视生态环保工作，一张蓝图绘到底，一任接着一任干，环境保护事业始终一脉相承，砥砺向前。2010 年，浙江推进"美丽乡村"建设，一道道旖旎秀丽的乡村风光串联成片；2017 年，浙江省出台《浙江省生态文明体制改革总体方案》；2018 年，"千万工程"荣获联合国最高环境荣誉——"地球卫士奖"。近几年，浙江打出"五水共治"、"清三河"、剿灭劣 V 类水等一系列组合拳，蓝天、碧水、净土、清废四大攻坚战正如火如荼进行，只为让蓝天白云永驻，使绿水青山长留。通过一系列重点工程的实施，浙江生态省建设成绩斐然，绿色发展理念深入人心，也为"绿水青山就是金山银山"理念的形成打下了坚实的实践基础。

习近平同志在浙江任职期间有关生态文明的重要语录（部分）：

治理大气污染，保护生态环境，功在当代、利在千秋，标准怎么定都应该，花再大代价也值得。（2002 年 11 月 1 日，浙江省政府常务会议。）

生态的优势不能丢，这是工业化地区和当时没有注意生态保护的地区，在后工业化时代最感到后悔莫及的事情。千万不要以牺牲环境为代价换取一点经济的利益。（2002 年 11 月 25 日，习近平到丽水市调研讲话。）

在经济发展与环境冲突时，必须懂得机会成本，善于选择，学会扬弃，做到有所为、有所不为，坚定不移地落实科学发展观，建设人与自然和谐相处的资源节约型、环境友好型社会。（2002 年 12 月 25 日，习近平到杭州萧山区调研讲话。）

再走"高投入、高消耗、高污染"的粗放经营老路，"国家政策不允许，资源环境不允许，人民群众也不答应"。

建设生态省……以最小的资源环境代价谋求经济、社会最大限度的发展，以最小的社会、经济成本保护资源和环境，既不为发展而牺牲环境，也不为单纯保护而放弃发展，既创建一流的生态环境和生活质量，又确保社会经济持续快速健康发展，从而走上一条科技先导型、资源节约型、清洁生产型、生态保护型、循环经济型的经济发展之路。（2003 年 7 月 11 日，浙江召开生态省建设动员大会，习近平同志做动员讲话。）

我们必须通过生态省建设，让人民群众喝上干净的水，呼吸上清洁的空气，吃上放心的食物。（2005 年 3 月 1 日，习近平同志在全省人口资源环境工作座谈会上指出。）

一定不要再想着走老路，还是迷恋着过去的那种发展模式。

所以，刚才你们讲了，下决心停掉一些矿山，这个都是高明之举。绿水青山就是金山银山。我们过去讲既要绿水青山，又要金山银山，实际上绿水青山就是金山银山。（2005 年 8 月 15 日，习近平到安吉天荒坪镇余村调研讲话。）①

在实践上，浙江更是树立了诸多典型，打造了诸多样板，它犹如一扇窗，向世界昭示了中国坚定不移走绿色发展之路的决心。在浙江城乡，绿色发展带来的改变每天都在上演——安吉余村关闭矿山，修复生态，既还给百姓一片绿水青山，又走出了一条生态美、产业兴、百姓富的可持续发展之路，折射转型升级的理念攀升；浦江浦阳江的河畔曾经遍布各种垃圾、废弃物，通过关停、取缔和治理，现已成为人们锻炼、休憩、健身的休闲胜地，浓缩着"五水共治"的生动掠影；温岭拆除围墙，栽种绿植，打造绿色空间，"腾笼换鸟"带来更高质量的发展。此外，在德清县下渚湖街道塘家琪村的水塘，水清岸绿，人们通过"水下森林"纯生态治水技术，构建以沉水植物、微生物、底栖生物、浮游生物和鱼虾类为食物链结构的水域生态平衡系统，让水环境回归"自然"。遂昌县三归湿地，青山环抱、满目皆翠，2022 年的五一期间，这里成了当地最热门的"网红打卡地"，露营、野炊等活动不断，日接待量突破 1500 人次②，而在 2017 年，这里还是一处"脏乱差"的大型制砂场。2020

---

① 周天晓，沈建波，邓国芳，等．绿水青山就是金山银山——习近平总书记在浙江的探索与实践·绿色篇［EB/OL］．浙江党建网，2017-10-08.

② 闪亮"浙"五年 | 全国首个生态省的绿色潜力［EB/OL］．浙江日报百家号，2022-06-17.

年浙江累计创建中国美丽休闲乡村 60 个，数量居全国第一，开展乡村旅游的村达到了 4976 个①，好的生态环境成为乡村发展的引流器。

浙江的生态优势迸发绿色动力，进而转化为产业发展优势。2019 年，全省万元 GDP 能耗、水耗比 2004 年分别下降 61.3%、84.2%，万元 GDP 二氧化硫排放量、化学需氧量比 2004 年分别下降 90.9%、81.7%②，节能降耗水平居全国前列，城乡居民收入保持在全国各省区首位。2021 年，浙江在全国又率先建立能耗在 5000 吨标煤以上的 1635 家重点企业碳账户，开展九大重点行业建设项目碳排放评价试点，同时严格规范"两高"项目环境准入，否决"两高"项目环评文件 39 个。③ 在此基础上，充分利用大数据工具，为用能单位的碳排放保驾护航，如衢州碳账户、湖州"碳效码"、杭州"双碳大脑"等，试图让其成为推动区域低碳转型的引力场。夜幕降临后，钱塘江畔的"大莲花"亮起，璀璨生辉、光彩照人；杭州亚运会场馆全部实现了 100% 绿色电力供应，而杭州亚运会也是首届碳中和亚运会。浙江持续且大力地推进生态经济发展，培育循环经济、数字经济等绿色发展新动能，走出了一条经济转型升级、资源高效利用、环境持续改善、城乡均衡发展的绿色发展之路，构建了人与自然和谐发展的现代化建设新格局。

习近平生态文明思想根植于中华文明肥沃的文化土壤和卓越的

---

① 浙江省第十四次党代会以来经济社会发展成就之乡村振兴篇 [EB/OL]. 浙江省统计局官网，2022-05-09.
② 闪亮"浙"五年丨全国首个生态省的绿色潜力 [EB/OL]. 浙江日报百家号，2022-06-17.
③ 让绿色成为浙江发展最动人的色彩：习近平总书记在浙考察重要讲话在全省生态建设领域引起强烈反响 [EB/OL]. 人民网，2020-04-05.

生态智慧之中，是习近平总书记对人与自然关系规律的科学总结，其核心要义就是要通过正确处理人与自然的关系，来协调当代人的发展与后代人的发展之间的关系，既保证当代人的发展权，又保证后代人的发展权，从而实现中华民族的永续发展。① 浙江是习近平生态文明思想的重要萌发地，是"绿水青山就是金山银山"理念的发源地，也是中华民族生态智慧的率先实践地。浙江省真抓实干、久久为功，实现了生态美、产业兴、百姓富，文明蔚然成风、文化润泽心田，成为展示人与自然和谐共生、生态文明高度发达的重要窗口。

三、实现了"绿韵"与"红脉"的有机融合

（一）"绿韵"与"红脉"有机融合的具体表现

"绿韵"是指蓝天、绿野、沃土、碧水和清新的空气等优美的自然环境，"红脉"是指由产业、交通、城镇、文脉等构成的人化世界，它们涵盖了一个地区生物和环境演化的自然生态、生产和消费代谢的经济生态、社会和文化行为的人类生态以及结构与功能调控的系统生态四个方面。② 这些子系统之间是相生相克、相辅相成的，而"绿韵"与"红脉"的有机融合，简而言之就是将该区域保护好的蓝天、绿野、碧水、沃土和发展好的产业、交通、城镇、文脉等

① 习近平生态文明思想蕴含着中国传统生态智慧［EB/OL］. 光明时政网，2020-01-23.
② 专家：城市需要让绿韵与红脉和谐共生［EB/OL］. 新浪环保网，2010-08-28.

要素统一起来、协调起来、融洽起来。即两者之间形成一种复合生态，这种复合生态是一种天、地、人、环境间和谐的共生关系，既相互影响又相互依赖，而不只是回归自然或城市生物生境的一种简单平衡。在这一过程中，人与自然相互作用形成了一个协同、自我调节和复杂的地区生态系统，它维持着该地区居民的生活生产及地区发展，而人类为了适应该地区的生活，不断进行地区建设和改变自身的行为。① 两者的融合，最终达到你中有我、我中有你的状态，这就是一种共存进化的范式，也是一种良好的互动关系。而两者有机融合的效应，也就是该地区的生态品质，可以从这一地区系统的生态涵养用水、生态服务用地、可再生能源利用、生态营养物质循环、生态多样性的额度或阈值以及城市的山形水系、文脉肌理、标识品位及精神风貌的和谐性等结果方面来考察。

（二）浙江践行了"绿韵"与"红脉"有机融合

2003 年 7 月 11 日，浙江生态省建设动员大会召开，时任中共浙江省委书记、省人大常委会主任的习近平同志，在大会上明确提出了全面启动生态省建设，努力打造"绿色浙江"的重大战略举措。而这一战略作为"八八战略"的重要组成部分，充分表明习近平同志对生态建设的科学认知已转换成推动浙江绿色发展的基本方略。为了进一步推动生态省建设，习近平同志亲自担任生态省建设工作领导小组组长，并持续推进有关环境保护与整治的重点工程。2003

---

① 王效科，苏跃波，任玉，等 . 城市生态系统：人与自然复合［J］. 生态学报，2020，40（15）：51.

年，浙江启动"千村示范、万村整治"工程，开展以"垃圾处理、污水治理、卫生改厕、村道硬化、村庄绿化"为重点的农村环境综合整治工作。2004 年，浙江开展以八大水系和 11 个市、11 个省级环境保护重点监管区为重点的"811"环境污染整治行动。2005 年，浙江出台《浙江省循环经济发展纲要》，推出积极发展循环经济九大领域、打造循环经济九大载体、实施循环经济十大工程的"991"行动计划。

经过二十年的坚持和奋斗，浙江生态文明建设取得了丰硕的成果。一是生态环境质量保持全国领先。2020 年全省生态环境状况等级为优，全省森林面积 608.12 万公顷，森林覆盖率为 61.17%，继续位居全国前列；全年完成水土流失治理 428.96 平方公里，开展 100 个废弃矿山生态修复工程；从各县域来看，生态环境状况等级为优的县（市、区）有 59 个，其面积占全省总面积的 84.0%。① 二是节能减排成效明显。"十三五"全省规模以上工业增加值能耗累计下降 20.4%；2020 年全省城镇新增绿色建筑面积 1.6 亿平方米，城镇绿色建筑面积占新建建筑面积比例达到 96%；全省城市建成区清洁能源化公交车、出租车使用比例达到 80%，杭州、湖州主城区实现清洁能源公交车全覆盖；公共机构人均综合能耗、单位建筑面积能耗分别比 2015 年下降 16.2%、10.7%。② 三是生态文明建设的制度保障体系逐步完善。积极创新生态建设的体制机制，加快建立生

---

① 数据来源：《2020 年浙江省生态环境状况公报》。
② 数据来源：浙江省能源发展"十四五"规划［EB/OL］.浙江省人民政府网，2020-05-07.

态补偿机制、排污权有偿使用和交易机制、流域环境监管机制。省财政加大对主要水系源头所在地生态环保财力转移支付力度，全省所有设区市和41个县（市）开展排污权有偿使用和交易试点。广泛开展生态文明创建活动，设立"浙江生态日"并广泛开展系列活动，推进垃圾分类处理试点，成立省生态文化协会和全国首个省级碳汇基金，推行生态低碳的生活方式，全社会生态文明理念进一步树立。

浙江文脉历史悠久、人文荟萃，熠熠生辉。2003年，浙江省委、省政府"进一步发挥浙江的人文优势，积极推进科教兴省、人才强省，加快建设文化大省"，其也是浙江实施"八八战略"的一项重要举措。在此基础上，浙江省委于2005年7月召开了十一届八次全会，主题就是研究浙江的文化发展问题，全会围绕文化大省的建设，全面深刻地分析形势，总结经验，查找不足。习近平同志在这次全会上发表了长篇讲话，系统阐述了什么是文化、文化的意义和价值、文化建设与增强浙江软实力之间的关系，以及今后浙江在发展过程中为什么要把文化放在重要位置等重大问题。会议还通过了《关于加快建设文化大省的决定》，提出重点实施"八项工程"，搭建起浙江文化建设的"四梁八柱"。二十年来，以"八八战略"为总纲，浙江把文化的力量深深融入全省的创新创造之中，从文化大省向文化强省迈进，打造新时代文化高地，一路踏歌而行，唱出了一曲曲余音绕梁的文化之歌。

"八项工程"引领浙江文化建设取得诸多成效。铸魂工程、溯源工程、走心工程深入实施，社会主义核心价值观普遍践行，红船精神、浙江精神广为弘扬；四条诗路文化带、之江文化产业带、横店影视文化产业集聚区等重大平台建设扎实推进，文化体制改革迈向纵深，文化产业整体实力和竞争力持续增强；"浙江有礼"省域文明品牌在全国叫响叫亮，礼让斑马线、聚餐用公筷、排队守秩序等文明习惯遍地开花；围绕"今、古、人、文"四大板块，系统梳理浙江文化的传承脉络，挖掘浙江文化的深厚底蕴，研究浙江现象，总结浙江经验，已初步形成了具有中国气派、浙江特色的当代"浙学"品牌等。尤其"十三五"时期，文化自信和文化自觉大为增强，是浙江文化守正创新、繁荣发展的五年，是全省人民文化获得感和幸福感持续提升的五年。文化的力量越来越深地融入经济社会发展之中，融入全省人民的创新创造之中，为浙江改革发展和社会进步注入强大力量。其中，全省共建设农村文化礼堂13384家；500人以上行政村覆盖率超过97%；送戏下乡共14.2场；送展览讲座下乡8.7万场；送书下乡1702.8万册；"文化走亲"3.3万次；建成实践所（站、点）5万余个等，并成为首个全国文明城市设区市"满堂红"的省份；全省公共文化服务力指数更是由2016年的100.00上升到了2020年的131.48等。①

此外，良渚古城遗址通过全媒体、全景式构建"良渚大IP"，创新阐释古老文明，让历史文化遗址"活"在当下，服务当代；杭州大运河文化带以运河为线，以遗产为珠，串珠成链，铺开了一张"活化"的文化地图。

"绿色浙江"这一理念本身强调的就是人与自然关系的协调，它

---

① 陆遥. 农村文化礼堂 打造美丽乡村风景线 [EB/OL]. 浙江在线，2022-06-15.

图2 杭州大运河航拍

图片来源：视觉中国.

是一个充满活力并处在变化中的有机体，也是其经济、社会、文化发展和自然环境相互关联、相互依赖和"相互形塑"的整体。"八八战略"实施以来，浙江省通过观念更新、体制革新和技术创新，建设生态文明和文化强省，并在这一过程中，调谐城市社会、经济与自然环境之间的各类竞生、共生、再生、自生的生态关系，在生态系统承载能力范围内改变生产和消费方式、决策和管理方法、文化和精神生活及生态和环境意识，使得人的实践活动与自然环境之间形成一种动态平衡，基本建成了一个"红绿交融"的生态文明社会。

四、达到了耦合关系、功能整合、和谐状态的一体化

(一) 三者关系一体化的整体效应

一个地区，就是一个有机统一的生态系统，既包括山水、土壤、空气、生物、矿藏等元素构成的自然子系统，也包括开发、生产、消费、流通等元素构成的经济子系统，还包括人口、人文、人的实践活动等元素构成的社会子系统，即一个由经济、社会和生态三个子系统构成的复合生态系统。① 耦合关系，就是这些子系统在时间、空间、结构、过程以及功能层面上存在一种相互作用、相互影响的关系。功能整合，就是这个由各子系统构成的生态系统实现了功能整合的效应，也就是我们前面说的，"绿韵"与"红脉"之间的功能整合，从而形成一股合力。和谐状态，就是这些子系统在进行融合时，达到了一种和谐的状态，这种和谐状态表现：一是经济发展质量、生态环境质量和人的生命生活质量的共同提升，二是经济发展水平、社会发展水平与人文发展水平的协调共进，三是经济社会发展水平、政府服务和治理水平以及执政党执政能力水平的互促提高。一个健康且可持续运转的生态系统，是耦合关系、功能整合、和谐状态三者达成一体化的有机体，三者融合实现的不是简单的加法效应，而是一种内循环的聚变效应，它维持着系统内各个生态体

① 康玲芬，李明涛，李开明. 城市生态—经济—社会复合系统协调发展研究：以兰州市为例 [J]. 兰州大学学报 (社会科学版)，2017，45 (2)：168.

系间的平衡，并促使彼此进入一种更佳的循环状态。因此，对一个生态社会中各要素之间耦合关系、功能整合、和谐状态"三位一体"内涵的把握就是对"系统论"的坚持和深化。

（二）浙江实现了一体化的生态局面

浙江省，作为一个生态系统，其各子系统在顶层设计、调控、体制保障、科技支撑和文化引领的作用下，对省域范围内的资源进行高效集约利用，并不断优化、转型、升级，形成经济的循环，在生态中发展，在发展中生态，达到了耦合关系、功能整合、和谐状态的一体化。规划先行，谋定而后动，在生态省建设上浙江持续推动完善顶层设计，从 2003 年的《浙江生态省建设规划纲要》，2004年第一轮"811"环保三年行动，2008 年新一轮"811"专项行动，到 2011 年的《关于推进生态文明建设的决定》，2011 年"811"生态文明建设推进行动，2013 年的"五水共治""三改一拆"，再到2016 年第四轮"811"美丽浙江建设行动，2020 年的《大花园建设行动计划 2020 年工作要点》《浙江省水生生物多样性保护实施方案》和《深化生态文明示范创建　高水平建设新时代美丽浙江规划纲要（2020—2035 年）》等，系列政策文件和配套文件，指方向保落实。此外，省政府成立专门的生态省建设工作领导小组办公室，来加强对生态市、生态县建设工作的指导、协调、监督、服务；各级政府则成立相应的组织机构，实行一把手亲自抓、负总责，逐级分解落实生态省建设省市长任期目标责任书，将生态省建设纳入各级政府年度考核的重要内容中。

作为生态环境改善的重要抓手——循环经济的发展，通过省级循环经济"991 行动计划"、工业循环经济"733"工程、生态循环农业"2115"示范工程等"组合拳"，推进工业、农业和服务业全面发展，浙江经济在实现自身转型升级的基础上，更是助力了生态省的建设。如耳熟能详的盛产雷竹的杭州市临安区太湖源是省级林业特色产业强镇，安吉县是省级森林休闲养生城市，盛产花卉苗木的长兴和盛产毛竹的庆元是省级特色产业示范县等；再如，富冈机床获评创建省级工业互联网平台，天喜厨电入围省级新一代信息技术与制造业融合发展试点示范企业，锯力煌被评为第三批国家专精特新"小巨人"企业等；以及余姚市杨梅特色农产品优势区，泰顺县猕猴桃特色农产品优势区，湖州市南浔区黄鸡特色农产品优势区等。目前，浙江有国家级经济技术开发区 22 个，覆盖全省 11 个地市，数量位居全国第二；海关特殊监管区 12 个；省级经济开发区和参照省级经济开发区管理的单位共 77 个。① 就此，浙江基本建立了以循环经济为核心的生态经济体系，包括以电厂粉煤灰、钢铁厂冶金渣等大宗固废综合利用为重点的企业循环型产业链，以化工、医药、合成革等主导产业为纽带的园区循环型产业链，以废金属、废塑料、废纸等再生资源回收利用为核心的社会循环型产业链三大循环经济体系。

在健全政策的刚性驱动和高效执行以及相应举措的协同下，浙江省在自然资源资产产权制度、国土空间开发保护制度、空间规划

---

① 省政府批复同意！浙江新整合设立 7 家省级经济开发区［EB/OL］.澎湃浙江网，2020-01-11.

图3 浙江文成经济开发区

图片来源：省政府批复同意！浙江新整合设立7家省级经济开发区
[EB/OL].澎湃浙江网，2020-01-11.

体系、资源总量管理和全面节约制度、资源有偿使用和生态补偿制度、环境治理体系、环境治理和生态保护市场体系、生态文明绩效评价考核和责任追究制度八个方面形成了一个产权清晰、多元参与、激励与约束并重、系统完整的生态文明制度体系。而科技的支撑，则为浙江省生态文明领域治理体系和治理能力现代化奠定了基石。科技是改善生态环境、应对气候变化，乃至最终实现绿色低碳发展、高质量发展的核心利器，浙江深入全省30个以上县（市、区），为基层和企业提供精准技术服务；调动全省300名以上专家参与生态环境科技帮扶行动；举办10场以上技术培训与成果推介活动，推广

50 项以上先进适用技术。①

此外，作为省生态文明建设三个方面之一的生态文化，也是浙江省着重加强的重要环节，它对生态文明建设的引领作用，有利于生态文明新风尚的形成。包括广泛开展生态文明宣传教育，全面倡导节约资源、保护环境的生产生活方式和消费模式，如开展"保护母亲河行动""浙江省大学生农村环保科普行"等活动；并鼓励公众参与生态文明建设，发挥民间环保组织的积极作用，不断壮大生态保护志愿者队伍，如浙江省青年绿色环保协会和《青年时报》发布的《给浙江公民一封绿色的信》等；以及倡导企业承担环保责任，发展循环经济和清洁生产，努力节能降耗、减少排放、治理污染等，以营造共建共享文明的浓厚氛围。经过这一系列举措，浙江省不少地方的生态文化得到普遍提高，生态文明意识也逐渐加强，生态文化得到弘扬。

多年来，浙江省不仅持续深化"八八战略"思想，全面贯彻落实绿色发展理念，推进生态文明建设，同时还不断细化生态文明建设具体举措，使得资源能源利用效率、环境治理成效、生态环境质量、自然和人居环境等方面都得到显著改善；简约适度、绿色低碳的生活消费理念渐入人心，城乡生活垃圾分类集中处理逐步实现，全社会绿色发展方式和生活方式逐步形成。② 当前，生态文明建设已经融入浙江经济社会发展的方方面面，由表入里，成为印记，无论

---

① 为了天更蓝水更清，浙江首批 14 个生态环境科技帮扶驻点出炉 [EB/OL]. 钱江晚报百家号，2022-04-27.

② 莫丰勇. 建设生态文明 打造美丽浙江：中国共产党成立 100 周年浙江经济社会发展系列报告 [EB/OL]. 浙江省统计局官网，2021-06-21.

是城市还是乡村，无论是工业还是农业，无论是自然还是活动的人，共同形成一个绿色、高效的循环生态系统。从环境治理到生态保护和修复，进而推进生态产品价值转化，把"金山银山"做大，浙江对良好生态环境的追求没有止境，而是向着更高的境界迈进。

第二章 全民健身迈向全民健康的理念及目标

一、以人民为中心，推进"全民健身"质变到"全民健康"

（一）以人民为中心的理念内涵与价值

进入新时代后，以习近平同志为核心的党中央提出了诸多关于人民的重要论述，发布了诸多关于人民的重要文件，确保了人民的中心地位。2015年10月，党的十八届五中全会首次提出"以人民为中心"的理念，这之后该理念更是在不同场合被经常提及，使得其内涵不断深化，其价值指向愈加明确，就此汇聚成了"以人民为中心"的发展思想。"以人民为中心"的发展思想即把人民作为实践主体、认识主体、价值主体、历史主体，坚信党的根基和力量在人民①，充分体现人民的主体性，将人民作为国家发展的执行主体和力

---

① 陈昌丰，朱映雪. 习近平的人民观：坚持"人民主体论"与"人民中心论"的辩证统一 [J]. 理论导刊，2019（2）：71.

量源泉。

"以人民为中心"是习近平新时代中国特色社会主义思想的重要内容，贯穿于《习近平治国理政》的全部理论和实践中。在 2017 年 8 月 27 日第十三届全运会上会见全国群众体育先进单位、先进个人代表和全国体育系统先进集体、先进工作者代表时，习近平总书记强调："加快建设体育强国，就要坚持以人民为中心的发展思想，把人民作为发展体育事业的主体，把满足人民健身需求、促进人的全面发展作为体育工作的出发点和落脚点，落实全民健身国家战略，不断提高人民健康水平。"① 人的身体健康，是实现人的全面发展的重要物质前提，可见促进人的全面发展是体育工作的价值旨归，如蔡元培所言，"完全人格，首在体育"。而创建"以人民为中心"的全民健身事业，就是要始终以人民为中心，充分尊重人民群众，紧紧依靠群众，坚持以人民为中心的工作导向。具体表现为，发挥人民群众的智慧和力量创造全民健身的历史伟业，把人民作为发展全民健身事业的主体，把人民视为健康中国和体育强国建设的根本力量，把全心全意为人民服务作为根本宗旨，把党的群众路线贯彻到全民健身治理的全部活动之中。综上，"以人民为中心"的发展思想贯穿于全民健身发展领域，凸显人民是全民健身发展的"中心"，全民健身发展为了人民，全民健身发展的过程依靠人民，全民健身发展成果由全体人民共享。

全民健身是一项由体育行政部门主导的，覆盖全体公民的大型

---

① 开创我国体育事业新局面，加快我国建设体育强国 [N]. 人民日报，2017-08-28 (1).

社会民生工程，它以贯彻和落实国家全民健身相关政策和法规为主要工作内容，通过构建满足群众需求的全民健身公共服务体系，引导大众科学地参与体育运动，形成积极健康的生活方式，最终达到改善和提高公众健康水平的目的。① 然而，在实践过程中，全民健身依然存在着诸多问题，较为突出的如供给总量不足、服务质量不高，以及城乡之间的非均等化等。"以人民为中心"发展思想的注入，为全民健身发展中面临的瓶颈问题的突破指明了方向，既有利于准确把握全民健身事业在新时代人民幸福、民族复兴中的价值定位，也有利于其更好地融入国家发展大局，呼应国家战略和民族发展需求。

浙江在推进全民健身事业过程中，始终坚持以人民为中心的发展思想，从《浙江省全民健身实施计划（2011—2015年）》到《浙江省全民健身实施计划（2016—2020年）》，充分体现了其"立足人民，服务全民"的理念。以人民为中心的发展思想，不仅贯穿于浙江顶层的系列全民健身政策制定之中，也深入每一项具体的实施举措环节中，更是融入了基层的实践工作中。如坚持以为民惠民为基本原则，落实公共体育设施和符合条件的学校体育设施100%向社会开放政策；启动全民健身场地设施普惠工程；推进科学健身指导服务进机关、进社区、进镇村、进学校、进企业；组织生态运动会、海洋运动会、社区运动会、农村文化礼堂运动会等。其中生态运动会是浙江省因时制宜、因地制宜打造的自主IP全民健身赛事，它是践行"绿水青山就是金山银山"两山理念，展示运动与自然互为融

---

① 卢文云，陈佩杰. 全民健身与全民健康深度融合的内涵、路径与体制机制研究［J］. 体育科学，2018，38（5）：26.

入和谐景象，彰显百姓健身热情和时尚品质的创新产物，到 2022 年，该赛事已经举办了三届，深受社会大众的喜爱。

图4　浙江省第三届生态运动会开幕式　摄影　贾晓茹
图片来源：今年首场省级体育赛事来了 浙江省第三届生态运动会相约"大美江郎山"［EB/OL］.中央广电总台国际在线，2022-05-28.

近年来，浙江坚定不移地践行"以人民为中心"的发展理念，努力克难攻坚，大力推进群众体育蓬勃开展，群众体育活动从省运会到体育大会、智力运动会，从生态运动会、海洋运动会到社区运动会、农村文化礼堂运动会，每年以"杭马"为龙头的全省各类大大小小的马拉松超千场；截至 2021 年 12 月 31 日，浙江共有体育场地 207,341 个，全省体育场地总面积为 16,688.84 万平方米，其中随着"冰雪热""跑步热"的兴起，冰雪运动场地从 31 个增至 38 个，健身步道有 7770 个，长度为 24,758.54 公里[1]；而在解决社会

—————————

① 2021 年浙江省体育场地统计调查主要数据［EB/OL］.浙江省体育局官网，2022-05-30.

体育指导员"去哪指导""为谁指导"等问题上,"体育管家"模式让社区里的体育达人有了新岗位,标准补贴方式让社会体育指导员积极投身全民健身大潮。丰富多彩的体育活动和赛事、便民亲民惠民的体育场地设施、送到身边的科学健身指导服务等全民健身公共服务内容,已经成为全省城乡居民生活中的一部分,充实着他们的业余休闲时间。数据显示,浙江已经实现城乡"15 分钟健身圈"便民体育设施全覆盖,并在全省常住人口持续增加的情况下,人均体育场地面积从 2015 年的 1.6 平方米增加到 2021 年的 2.55 平方米,经常参加体育锻炼的人数占比达到 42.2%,国民体质合格率达到 94%,位居全国第二[①],切实推进全省居民从"健身"质变到"健康",逐步形成健康的生活方式。

(二)"健身"到"健康"质变的实现

1. 全民健身开展有利于大健康理念的普及

大量证据表明,全民健身是提高人身心健康素质和健康治理中非医疗干预最积极、最有效的重要手段,具有广泛性、主动性、直接性和投入少、产出大、见效快的特点。[②] 因此,一方面,全民健身开展有利于扩展大健康理念的人群覆盖面,契合大健康全民参与的特征,辐射少年、青年、中年、老年不同年龄阶段,健康、亚健康、患病不同身体状态群体,促使其在健康科普及宣教中提升自我健康

---

① 加大山区 26 县体育基础设施投入,我省推动体育事业均衡发展金名片 ┃ 学习贯彻落实全省体育工作会议精神 [EB/OL]. 浙江省体育局官网,2021-11-22.

② 刘国永. 实施全民健身战略,推进健康中国建设 [J]. 体育科学,2016,36 (12):6.

管理意识。2013 年开始，浙江省各地围绕健康生活理念、科学健身、慢性病防治等内容，开展大型义诊、科普展示、健康讲座、书刊赠阅、健步走等一系列健康传播活动，根据健康素养监测结果，浙江省居民健康素养水平已从 2008 年的 8.45% 上升到了 2017 年的 23.03%，位居全国前列①，这一系列举措使得大健康理念深入人心，促使居民共享健康生活。另一方面，全民健身的推进也有利于深化个体对大健康理念的认知。大健康倡导治疗环节前移，介入饮食、营养、运动、心理、睡眠、起居环境等全因素干预健康，同时以运动保健的方式参与疾病预防与恢复，与医疗服务达成默契配合。全民健身的良好成效使得大健康理念主观化、个性化、社会化②，人们主动寻求身心的全方位自我调适，以运动营养等更经济、更愉悦的方式防患于未然，以体医融合等更科学、更全面的形式促进康复。

2. 全民健身开展有利于身体健康水平的改善

全民健身旨在改善和提高全民身体素质和健康水平，不论男女老少，享受身体锻炼的机会与过程，达到良好的身心状态。在"健康中国""健康浙江"和"体育强省"战略的指引下，浙江卫生部门贯彻相关政策法规，将全民健身的实现融入民生工程建设中，提供全民锻炼身体的场地条件和健康指导。《2019 年浙江省全民健身发展状况调查公报》显示，截至 2019 年年底，城乡居民每周参加 1 次及以上体育锻炼的人数为 3147 万，经常参加体育锻炼的人数（含

---

① 杨威，任少凡. 科学健身　全民健康　浙江开展健康中国行［EB/OL］. 杭州网，2018-09-03.
② 海青山，金亚菊. 大健康概念的内涵和基本特征［J］. 中医杂志，2017，58（13）：1086.

在校学生）比例为 41.8%，与 2018 年相比，增长 0.5 个百分点；城乡居民达到《国民体质测定标准》"合格"等级以上的人数比例为 93.4%，相比 2018 年，提高 0.5 个百分点①；到 2021 年年底，浙江省城乡居民国民体质合格率则达到了 94%②，全民身体素质水平进一步提升。此外，体力活动不足是引发慢性病的第四大独立危险因素，而通过全民健身的常态化，引导群众保持运动锻炼的良好生活节奏和习惯，有利于提高群众的健康获得感。杭州市以打造健康中国示范区为目标，培育涵盖企业、社区、乡村、学校、医院等不同类型的市级健康单位，2020 年，其户籍人口人均期望寿命为 83.12 岁，10 年来一直保持"80+"岁，达到世界发达国家和地区领先水平；另外，其户籍人口重大慢性病过早死亡率为 6.93%，比上年下降了 3.75%，比 2015 年下降了 23.85%。③

3. 全民健身开展有利于心理健康素质的增强

全民健身开展有利于强化人们的心理健康素质，提升国民幸福指数。④ 随着生活方式的转变和社会节奏的加快，现代文明带来的弊病对人们的身心健康产生了不利影响，不仅体现为人们身体机能的下降和对亚健康的忧虑，而且也对人们的情绪和心理造成挫伤，使

---

① 2019 年浙江省全民健身发展状况调查公报发布 [EB/OL]. 浙江省体育局官网，2020-04-08.
② 体彩公益金助力浙江全民健身高速发展 [EB/OL]. 国家体育总局官网，2022-03-31.
③ 2020 年杭州户籍人口期望寿命和重大慢性病过早死亡率公布 [EB/OL]. 潇湘晨报百家号，2021-03-10.
④ 袁跃，甄国栋. 试论全民健身与国民幸福指数的关系 [J]. 体育文化导刊，2013 (8)：29.

得人们在紧张、压抑的快节奏生活中变得浮躁且消极。体育运动在改善身体健康水平、增强体质的同时，还可以充当人们的情绪调节器，帮助人们克服抑郁、焦虑、孤独、恐慌等心理障碍，稳定情绪，调节身心，提高人们的自信心和心理舒适度。同时，全民健身的大众参与过程也有助于人们开放身心，通过积极交流与表达互动促进人际交往，拉近了人与人之间的距离，增进了情感交流。诸多学者的研究也表明，一些喜闻乐见的大众健身项目，比如，太极拳、健身操等，具有调适气血、舒畅心绪的作用，通过活动形体追求身心平衡与净化，保持内心沉稳与镇静，增强意志力和抗压力。2020 年第五次国民体质监测首次将心理健康相关测量维度纳入国民体质监测，这次公报在反映心理健康维度的指标中显示，参加体育锻炼的成年人和老年人抑郁、焦虑得分均比不参加体育锻炼者更低，表现出更加积极、健康的心理、情绪状态。[①]

4. 全民健身开展有利于社会健康资本的提升

社会资本被认为是嵌套在社会关系中的资源，是个体通过加入社会网络和其他社会结构获得利益的能力，表现为个人所属群体或社区的特征，如互动交换、维护群体规范、信任存量和对社会群体成员的管理。社会资本被广泛认为是健康的一个重要社会因素，其与健康之间存在良好的互动关系，健康素养在社会资本、个人体育活动和营养之间的关系中起到了调节作用，社会资本在收入平等和

---

① 《第五次国民体质监测公报》发布［EB/OL］. 光明网，2021-12-30.

健康之间起着中介作用。① 收入平等不仅提高了社会凝聚力，还影响了住房、医疗等方面的公共投资水平，进而影响人口和个人健康。当地社区的高水平社会资本可以通过健康促进知识的传播、非正式的社会控制与维持健康的行为规范，促进当地服务和便利设施的获得以及提供情感支持和相互尊重的心理过程从而对健康产生影响。因此，全民健身的开展有利于提升社会资本，发挥其在健康方面的切实能效和作用。随着经济社会的发展，公众对健康问题的认识不断深入，健康支出在个人消费支出总额中的比例不断上升，卫生保健支出在国内生产总值中的比例不断提高。同时，在重视社会关系网络的文化传统之下，社会资本作为一种非正式制度，在优化资源配置和改善个人福利方面发挥了重要作用。

二、践行大体育大健康，推动"治已病"向"治未病"转变

（一）大体育大健康的理念内涵与价值

党的十八大以来，以习近平同志为核心的党中央对人民健康工作做出了战略性思考和部署，高度关注和重视人民的健康工作。世界卫生组织指出，健康不仅指一个人身体有没有出现疾病或虚弱现象，而且指一个人生理上、心理上和社会上的完好状态。在 2016 年的全国卫生与健康大会上，习近平总书记就指出，要倡导健康文明

---

① ERIKSSON M. Social capital and health: implications for health promotion [J]. Glob Health Action, 2011, 4 (1): 5611.

的生活方式，树立大卫生、大健康的观念，把以治病为中心转变为以人民健康为中心，建立健全健康教育体系，提升全民健康素养，推动全民健身和全民健康深度融合。① 这次大会是新中国成立以来以健康为主题的最高规格会议，它确立了新时代我国卫生与健康工作的方针。"大健康"指的是健康的环境、健康的经济、健康的社会，健康强调的是以治病为中心要转到以人民健康为中心，从"治已病"到"治未病"的转化。②

"大健康"是习近平以人民健康为中心理念在实践层面上的又一次新的完善与提升，是构成习近平新时代中国特色社会主义思想的重要篇章。"大健康"观的核心在于"大"，具体来说，就是强调人人享有、人人参与，运用预防、医疗、保健等方式，以延年益寿和提升人的生命质量为目标的卫生健康观。一方面，"大健康"的提出为人民群众树立了新型健康观，新型健康观与"治已病"的传统观念相比更具有前瞻性，人们在时刻关注自己身体变化的同时，提前预测疾病发生，通过非医疗手段进行干预消除或延后疾病进程，保障了人民群众的生命质量，有效推动健康关口前移。另一方面，"大健康"的提出为构建更加科学合理的健康发展布局提供了支撑。2016 年 8 月 19 日，习近平总书记在全国卫生与健康大会上指出，"要把人民健康放在优先发展的战略地位，以普及健康生活、优化健康服务、完善健康保障、建设健康环境、发展健康产业为重点，加

---

① 全国卫生与健康大会 19 日至 20 日在京召开 ［EB/OL］. 新华社百家号，2016-08-20.

② 曹彧. 六大举措大力促进全民健身实现全民健康 ［EB/OL］. 中国体育报百家号，2017-06-14.

快推进健康中国建设，努力全方位、全周期保障人民健康"①，全方位保障除了蕴含着生理、精神、道德等多种维度的完好状态之外，还要关注人民群众的心理问题，倡导健康、科学的生活方式，推进人与自然和谐共生，将健康服务和人文关怀贯穿人的全生命周期，坚持医养结合，将健康理念向预防、康复领域倾斜。

体育是提高人民健康水平的重要手段，也是实现中国梦的重要内容，为中华民族伟大复兴提供凝心聚气的强大精神力量。国务院副总理刘延东在 2016 年的全国体育工作座谈会上强调，要树立"大体育"理念，努力实现体育工作全地域覆盖、全周期服务、全社会参与、全球化合作、全人群共享，不断增强广大群众的获得感和幸福感。②"大体育"强调的是人人都要参与到体育运动中，人人都能享受到体育服务，体育运动涵盖全社会的每一寸角落。"大体育"理念提出的核心在于党中央深化落实全民健身国家战略，促进群众体育发展，提升人民群众体育参与度和健康保健意识，发展体育产业，让"大体育"托起"大健康"，让"大健康"成为"大体育"的结果。践行大体育大健康理念的实质是对体育与医疗卫生两个领域的一次"破冰"行动，让体育领域融入医学，使全民健身变得更加科学；医学领域融入体育，使患者康复更有质量。坚持大健康大体育理念，既有利于提高全国人民身体健康水平，推动健康关口前移，减少国家医疗卫生的沉重负担，也有利于保障走好"体卫融合"之

---

① 习近平. 习近平谈治国理政：第二卷 ［M］. 北京：外文出版社，2017：370.
② 刘延东：凝心聚力 改革创新 奋力开创体育强国和健康中国建设新局面 ［EB/OL］. 新华社，2016-12-29.

路，构建更高水平的全民健身、全民健康公共服务体系。

浙江省作为我国的体育强省之一，近年来一直在践行大健康大体育理念，从《健康浙江 2030 行动纲要》《浙江省体育发展"十三五"规划》和《浙江省人民政府办公厅关于高水平建设现代化体育强省实施意见》等一系列省域发展规划的顶层设计开始着手，并通过制度保障渗透至多部门、各领域的工作中，特别是在"体医融合"工作的建设方面，更是全面布局，推进部门协同，探索创新发展的地方实践路径。如杭州市体育局与杭州五云山疗养院签订"体卫融合"战略合作协议，积极发掘"体卫融合"健康管理和运动损伤康复的内涵与实践应用，主要针对老年人群体逐步形成一套相对健全的体卫融合健康医疗服务体系。宁波市体育科学研究所成立了宁波青少年运动健康管理中心，专注于青少年脊柱侧弯的防控和矫正，自 2021 年年初成立以来，已为全市 8 万多名青少年进行了脊柱侧弯筛选，对 1600 多名青少年实施了运动干预。① 湖州市体育局与市第一医院合作成立运动康复中心、运动促进健康中心，建立了青少年"竖起脊梁"服务站、"明目正视"服务站、"燃烧脂肪"服务站、"'心'希望"心理健康服务站四个站点，积极推动健身与健康服务一体化发展。德清县则率先在全省推行职工医保卡余额用于健身消费，在拓展医保卡使用功能基础上引导市民树立"储蓄健康"的观念。

---

① 浙江省体育局关于省十二届政协五次会议第 111 号提案的答复 [EB/OL]. 浙江省体育局官网，2022-06-28.

(二)"治已病"向"治未病"转变的实现

1. 引导广大群众建立正确的健康观

我国传统医学四大经典著作之一《黄帝内经》其中一篇《素问·四气调神大论》中记载有"是故圣人不治已病治未病,不治已乱治未乱,此之谓也。夫病已成而后药之,乱已成而后治之,譬犹渴而穿井,斗而铸锥,不亦晚乎",生动透彻地指出如果能事先觉察到疾病,且在尚未发生之时就做到预防,对我国人民群众健康水平的提升意义重大。习近平总书记指出,"理念是行动的先导"[1],如何实现从治病到防病,提升广大群众的健康素养,建立正确的健康观,浙江省做出了诸多实践:自 2019 年起,以农村文化礼堂为主要平台,率先在全国建立起覆盖农民群众的健康教育工作体系,在农村地区强化健康促进与教育工作,全面提升农民群众健康素养水平。启动健康素养进农村文化礼堂三年行动取得了明显成效,全省多个文化礼堂开展了 4 种形式以上的健康教育活动,全省健康素养进农村文化礼堂覆盖率到 2021 年年底将达到全覆盖。监测数据分析显示 2016 年至 2020 年,浙江省农村居民的健康素养水平增幅(71.39%)高于城市居民(42.99%)。[2] 此外,浙江省通过举办健康家庭大奖赛等活动,借助家庭"微单位"传承"好家风",倡导"大健康"理念,营造"家家崇尚健康,人人享有健康"的社会氛围,提高居

---

[1] 习近平. 习近平谈治国理政:第二卷 [M]. 北京:外文出版社,2017:197.

[2] 我省健康素养进农村文化 礼堂活动基本实现全覆盖 [EB/OL]. 浙江省人民政府网,2021-11-26.

民的疾病自我管理能力，引导广大群众建立正确的健康观。① 未来浙江省还会进一步借助各类媒体，强化舆论宣传，普及运动促进健康专业知识，持续推进一系列的健康教育活动，引导广大群众树立正确的健康观。

图5 浙江省第三届健康家庭大奖赛现场
图片来源：2022"浙江省第三届健康家庭大奖赛"在杭州拉开帷幕
[EB/OL].腾讯网，2022-08-01.

通过健身促进健康的价值深入人心。健康是幸福生活最重要的指标，健康是1，其他是后面的0，没有1，再多的0也没有意义。② 人民健康是民族昌盛和国家富强的重要标志，我国卫生健康事业始终致力于保障人民生命健康安全，并取得了一系列伟大成就，人民

① 浙江省首届健康家庭大奖赛在杭州举行［EB/OL].钱江晚报百家号，2018-12-18.
② 张晓松，朱基钗.习近平：健康是幸福生活最重要的指标［EB/OL].新华社百家号，2021-03-24.

群众健康水平日益改善，将健康融入所有政策，提供全方位全生命周期的健康服务，党中央对人民身体健康的关注已推至前所未有的境界。健身运动作为促进人民身体健康的一项有效方法，不断激发人民群众的锻炼热情，释放的强大正能量丰富了人民精神文化生活，推动我国不断向体育强国目标迈进，为实现中华民族伟大复兴提供了坚实支撑。① 为此，国家要以健身与健康为主题，采取各种措施，一方面，要增加经常参加体育活动的人数，推进体育活动日常化，做到人民健身运动有场地有器材，健身锻炼有方法，多发放体育福利，刺激体育消费金额逐步加大，让体育产业成为国家经济支柱的一部分，给人民切切实实的运动体验感，明显改善群众体育健身活动的条件和环境，满足人民群众日益增长的多样化健身需要，让健身氛围、健康观念贯穿人民生活日常。另一方面，协调各级各类媒体，通过"六进"（进单位、进企业、进学校、进社区、进医院、进村入户）和"六有"（电视有画面、报刊有报道、广播有声音、网络有专题、微信有公众号、墙上有标语）等形式，广泛宣传健身促进健康的巨大价值，增强人民对健身与健康价值的认同和理解，凝聚共识，营造全社会关心、支持健康的良好社会氛围，潜移默化地影响和塑造全民健康的生活方式，让健身与健康价值广为流传，深入人心。

---

① 淦宇. 人民论坛网评｜全民健身，全民幸福［EB/OL］. 新民晚报百家号，2021-08-05.

2. 强化全民健身全民健康的有机融合

全民健身与全民健康的深度融合是新时代"体医结合"的升华，是党中央、国务院为提高人民身体健康水平做出的重大决策部署，将大力推动全民健身向全民科学健身跨越。[①] 在深度融合的基础上如何以"健康中国"建设为指引，进一步提升体育和医疗卫生系统在技术、资金、人才和服务供给等方面的互动性，建立符合我国国情的疾病防治与健康服务模式，是新阶段强化全民健身与全民健康有机融合的关键所在。强化全民健身与全民健康有机融合应以满足人民群众日益多样化的健康需求为起点，借助数字化、智能化技术丰富体医融合应用场景，拓展体医融合服务空间，推动精准医学、功能医学、运动处方等融合发展。形成促进体医融合的公共卫生资金和资源投入机制，探索不同主体在体医融合中的资金投入和资源配置方式，提升融合后的自我造血能力，是一条强化二者持续融合的重要路径。建立体育与医疗卫生一体化国民健康数据库，强化两部门信息联结和有机融合，实现国民健康信息无缝对接、资源共享。进行体医人才交叉培养，形成一批具有医学、运动与健康管理技能的复合型人才，打通医疗行业传统壁垒，允许有资格认证的指导员进入医院工作。结合新时期国家区域协调发展战略，注重提升公共体育与健康服务均等化水平，关注国家偏远地区及农村地区的公共体育与健康资源发展并加大资金投入力度，为弱势群体提供人文关怀与扶持帮助，保障体医融合下不同人群全覆盖。此外，国家政策

---

① 胡扬．从体医分离到体医融合——对全民健身与全民健康深度融合的思考 [J]．体育科学，2018，38（7）：10．

支持、社会资源力量倾斜、个人观念转变等多方面协调统筹，对于强化全民健身与全民健康有机融合亦是不可或缺的一部分。

3. 发动社会整体及其各方面共同参与

坚持大健康大体育理念，坚持全民健身和全民健康深度融合，实现以治已病为中心向治未病的转变，最终达到全面提升国民身体素质的目标，这不是体育部门一家的工作，而是一项综合性工作，需众多部门统筹协调，逐渐实现"政府牵头、社会参与、家庭支持、个人负责"的四方联动，构建健康共同体治理格局，凝聚起强大合力。政府作为中国特色社会主义事业的领导核心，应发挥其主导作用，积极牵头推动体育健康产业发展，实现政府与市场结合，正确处理政府和市场的关系，在基本医疗卫生服务领域政府要有所为，在非基本医疗卫生服务领域，市场要有活力[1]，与此同时完善上层建筑，设计制订各地区体育发展规划，给予政策优惠、政策倾斜，搭建资源共享平台，为以人民健康为中心做兜底保障。最大限度地调动和依靠社会力量，企业、机构等社会组织应主动承担社会责任，发挥自身特长优势，强化社会资本融入。作为新时期形成家庭健康生活方式和建设家庭文化的重要内容，家庭体育有助于培养家庭的正确审美观，亦是落实健康中国国家战略的有效途径。[2] 作为最初培养体育锻炼行为的重要场所，应积极发挥家庭"后盾"的支持作用，这对家庭成员的体育态度和锻炼行为有着至关重要的影响。最后要

---

[1]　习近平. 习近平谈治国理政：第二卷 [M]. 北京：外文出版社，2017：371.

[2]　李小进，冯俊辉. 和谐社会视角下家庭体育的定位、功能及发展策略研究 [J]. 体育文化导刊，2017（9）：42.

深化"每个人都是自己健康的第一责任人"观念，强化个人的健身责任，引导形成自主自律、符合自身健康特点的健身行为方式，有效控制影响自主健身行为的因素，形成热爱运动、坚持运动、追求健康、促进健康的生活方式。

三、实施均衡优质，保障全民健身公共服务普惠大众

（一）践行优质均衡的理念内涵与价值

公共服务关乎民生，连着民心。习近平总书记多次就加强公共服务体系建设做出重要指示，2016 年 1 月 4 日在重庆调研时强调要从解决群众最关心最直接最现实的利益问题入手，做好普惠性、基础性、兜底性民生建设，全面提高公共服务共建能力和共享水平，满足老百姓多样化的民生需求，织就密实的民生保障网。2020 年 10 月 14 日在深圳经济特区建立 40 周年庆祝大会上习近平总书记再次提出，"要把提高发展平衡性放在重要位置，不断推动公共资源向基层延伸，构建优质均衡的公共服务体系，建成全覆盖可持续的社会保障体系"[①]。公共服务优质均衡发展，就是要对标人民日益增长的美好生活需要，以全体人民的全面发展为出发点，在加强标准化建设、补齐短板、扩大覆盖面、推动便利可及的基础上让服务提质、扩容，并向高品质、多样化、个性化方向发展。

---

① 张雷．每日一习话·奋进向未来 构建优质均衡的公共服务体系［EB/OL］．央广网，2022-03-10.

　　体育是人民健康幸福生活的重要组成部分，促进全民健身公共服务均衡共享，保障全民参与共享的均等机会，是完善公共服务制度体系、改善民生福祉的要求。全民健身公共服务均衡化体现为全民健身过程中公共服务体系的正义性、公平性，并使全体公民均等享有健身权利。为满足全民健身运动的需要，改善和提高全民健康水平，政府部门应引领完成全民健身公共服务的政策制定与制度保障，完善全民健身公共服务的资源整合与基础配置，完备全民健身公共服务的组织队伍与监测评估，从而促进全民健身公共服务体系化建设，为全民健身长期发展打下坚实基础。总体来说，全民健身公共服务的均衡化就是政府充分运用公共资源，为人民群众提供大致相等的体育健身公共产品和服务，来满足公民健身的共同需要，主要体现：一是全体公民享有基础的体育健身服务；二是全体公民享有均等的体育健身机会和服务过程；三是服务的结果不是绝对意义上的平均，而是一种大致的均等，优质则是在"有"的基础上进一步精准匹配人民群众高品质、多元化、个性化的健身需求。

　　全民健身公共服务均衡优质发展，既是时代趋势使然，也是内驱动力所在。当前，我国社会的主要矛盾依然是人民日益增长的美好生活需要和不平衡不充分的发展之间的矛盾。就全民健身公共服务来说，则体现在人民群众对全民健身公共服务的需求迅速上升与政府对全民健身公共服务供给不足且配置失当之间的矛盾。推进全民健身公共服务的均衡化，首先，有利于平衡区域之间、城乡之间的差距，缓解基层社会的种种矛盾和问题。^① 其次，全民健身公共服务均衡化是在实现效率基础上公平发展的重要举措，即它不仅有利于资源配置的均等化和财政资源使用效率的提高，而且还能促进公民基本体育权利的实现，使得人民群众体育参与意识和个体身份认同意识增强。最后，全民健身公共服务均等化有利于提高国家竞争实力，加速健康中国和体育强国建设。全民健康是建设健康中国的根本目的，健康中国建设旨在持续提高人民健康素养水平，完善高效健康服务体系，人人享有基本卫生与体育健身服务，进而建成公平繁荣的健康国家。

而优质则是在均衡化的基础上，根据社会环境的新变化，着眼于人民群众对生活质量的新需求，为其提供更具有品质化和差异化、个性化的全民健身公共服务，它是关心人的更高层次体育需求、人的生存能力和精神状态的一种表现，也是服务于人的自由全面发展的一种举措。总体来说，全民健身公共服务践行均衡优质的发展理念，不仅能够满足广大人民群众日益增长的多元化、多层次、高质量体育需求，还能够促进规范有序、富有活力的全民健身组织体系的形成，以达到人人享有基本全民健身公共服务的目标，提升民生福祉和幸福感、获得感、价值感，乃至改造人的主观世界，包括思维方式、价值观念、精神境界和道德情操等，帮助人们感受自我价值和社会价值，从而促进社会和谐、健康、公平、友好发展。

---

① 赵广涛. 新发展理念下城乡体育公共服务均等化价值与策略［J］. 体育文化导刊，2022（2）：50.

聚焦人民群众"体有所健",浙江省依托体育现代化县(市、区)创建工作,并通过一系列"标准化",明确地方体育工作发展指标、工作要求和实现路径,推动基层体育工作体系、管理体制和运行机制规范化、科学化,基本形成了全覆盖均等化的全民健身公共服务体系。如2021年,浙江省持续推进基层体育场地设施建设,新建基层体育场地设施1040个,完成率达115.6%;深入推进公共体育场馆服务大提升,开展全国公共体育场馆开放使用综合试点,全省公共体育场馆年对外开放时长、服务人次分别增长14.6%和16%;制定实施全国首个智慧体育场馆建设省级地方标准①,力求全面提升浙江省体育场馆及设施建设智能化、自动化、精细化水平,助力群众体育"最多跑一次"。此外,为了进一步解决群众"健身去哪儿"难题,浙江省各地市勇于探索,不断推动全民健身公共服务优质共享,如温州推出了一天一元钱的百姓健身房,该项举措于2020年、2021年连续入选省政府十方面民生实事,截至2021年年底,浙江省已经建成百姓健身房1901个②;宁海县建设全长500公里的登山健身步道,连接起了宁海17个街道乡镇90%以上的行政村,被央视点赞……这些地方经验使得浙江的全民健身道路越走越宽。

---

① 洪漩. 满足人民多元化健身需求 打造全民健身"浙江骄傲"[N]. 中国体育报,2022-04-20(1).
② 让人民群众"体有所健":浙江体育领域高质量发展建设共同富裕示范区一年间[EB/OL]. 浙江省体育局官网,2022-05-20.

图 6　宁海县登山健身步道被央视报道

图片来源：央视点赞：宁波宁海打造 500 公里登山健身步道 拓展全民健身新空间 [EB/OL]．宁波广电网，2022-06-26．

（二）全民健身公共服务普惠大众的实现

1. 构建全社会共同参与的全民健身机制

发展全民健身不只是政府部门的事情，而且是一项需要全社会共同努力的民生工程事业，也就是说，发挥每个社会主体在全民健身公共服务中的作用，促进资源的整合、服务效率和专业性的提升、服务质量的改善等，让全民健身发展成果更多更公平惠及全体人民。社会力量的参与，既需要行政部门加大"放管服"的改革力度，将更多的注意力放到合理引导与有效监督上，也需要体育社会组织不断优化自身组织结构，进行专业性建设，提升自身的服务和治理能力，就此形成政府主导、部门协同、安全保障、全社会共同参与的

53

全民健身组织网络体系。《2020 年全民健身活动状况调查公报》数据显示，2020 年 7 岁以上居民每周参加 1 次以上体育锻炼的人数比例为 67.5%，经常参加体育锻炼的人数比例为 37.2%。尽管这一比例在逐年增加，但是离全民参与的目标还有很大一段距离。而群众身边体育组织的建设，在推进全民参与体育锻炼中发挥着至关重要的作用。其中社区体育健身俱乐部作为群众身边最基本的体育组织形式之一，其组织活动形式的多样化和内容的丰富性能够吸引不同层次、不同性别、不同年龄人群的广泛参与，从而能够最大限度地满足群众个性化、差异化、多样化的体育需求。于是通过对社区体育健身俱乐部的培育，加强基层全民健身场地设施的管理，负责组织群众开展健身活动，壮大全民健身活动站点的规模，是扩大体育锻炼参与人群的有效手段之一。

2. 推动城乡平衡、全民共享的全民健身公共服务布局

我国城乡全民健身公共服务发展不均衡，归根结底在于政治、经济、文化等因素的制约，即城乡的"二元性"使得两个社会子系统彼此独立运行，而政策执行中全民健身公共服务也往往更多地"优惠"城镇；城乡经济发展的不协调性，使得城乡之间在全民健身活动赛事上不同步；城乡文化的差异（相对保守落后的农村来说，城市则显得较为现代），则使得城乡之间的体育观念、生活方式、健身意识等方面表现出差异性。然而不管是基于共同富裕的战略目标，还是基于五大发展的价值理念，推动城乡全民健身公共服务均衡化势在必行。首先，是要建构和完善城乡全民健身公共服务一体化的管理体制，强化全民健身公共服务的顶层设计、总体布局和协调推

进，如把城乡全民健身公共服务纳入统一的经济社会发展大系统中，统筹城乡全民健身基本场地设施的建设。其次，在此基础上，通过政策和配套文件的制定，在全民健身公共服务资源供给和配置中向农村地区倾斜，如以要素开放流动的方式达成精准帮扶，以点带面，重点增强农村地区全民健身事业自身的发展能力。最后，围绕"以人民为中心"的思想进行全民健身公共服务的均等化建设，坚持普惠型、保民生、可持续的方向，增强全民健身公共服务的保障能力。2022 年 6 月 21 日，"全民健身奔共富·喜迎党的二十大"浙江体育助力山区 26 县系列赛事召开发布会，旨在通过结对帮扶的形式，助力山区 26 县体育事业共同发展。

3. 盘活资源，补齐场地短板，拓展健身运动新空间

补齐全民健身场地设施短板，解决人民群众"健身去哪儿"的痛点和难点问题，是突破发展关键瓶颈的重要举措。2020 年 9 月印发的《国务院办公厅关于加强全民健身场地设施建设发展群众体育的意见》中明确指出，以盘活城市空闲土地、用好城市公益性建设用地、倡导复合用地等挖掘存量的方式来增加健身设施的有效供给，补齐群众身边的健身设施短板。而在强化资源集约利用和科技支撑的当下，绿色便捷的全民健身新载体既是人民所需，也是时代所趋。就此，浙江省实施"四提升四覆盖"全民健身工程，以推进体育场地"从量的扩展向质的提升的转变"。"十三五"时期，浙江已基本实现"15 分钟健身圈"，其中，百姓健身房是浙江首创、引领全国的便民体育设施建设项目，能为老百姓提供全天候、全人群、方便

快捷的健身服务。① 此外，利用大观园、工业厂房等房顶空间建设笼式足球场，利用科技园区管委会闲置旧厂房建设社区多功能运动场，在公（铁）路高架桥植入体育元素建设门球场，等等。再者，通过部门协同，全省已经建成各级绿道共 1.6 万多公里，为当地居民更好地体验绿道、享受绿道、培养绿色健康的生活方式提供了重要保障。

图 7　金华生态旅游村（作者拍摄）

4. 结合当地发展现状拟定均等化推行与渗透标准

全民健身公共服务均等化不仅仅是一个口号的提出与宣传，其

---

① 浙江人，壮起来！该省打造全民健身服务惠民示范区瞄准"123456"［EB/OL］. 凤凰网浙江，2021-11-25.

背后蕴藏着复杂的内涵和多样的要求。切实推行和深入全民健身公共服务的均等化，首先需要对当前全民健身公共服务事业存在的问题和疏漏进行彻底与全面的调研与了解，做到对问题产生原因的精准把握，从而才能够有针对性、有建设性地提出解决方案与措施。因此就需要政府结合当地全民健身公共服务的发展现状，探寻造成不平衡的源头，拟定详细具体的均等化渗透推行计划与检验标准。一方面，加强全民健身公共服务均等化发展的顶层设计，制定操作性强、可持续的发展战略，明确职能部门，做好责任划分，着力建设问责追责机制，确保战略得以贯彻落实。另一方面，各责任部门应当主动担责履职，根据上级指示精神制定工作细则和落实办法，建立县、乡、村三级全民健身公共服务平台，做好政策指导和技术保障，制定"全民健身公共服务高质量发展"等决策纲要，努力营造全民健身健康生活的氛围，着力推进全民健身公共服务均等化机制的建设与完善。同时，全民健身公共服务均等化的推进与实施，需要多部门协同，形成联合推进会议机制，共同探索有效工作方法，着力促进全民健身公共资源共建共享。

四、坚持共同富裕，聚焦人类对美好生活的最终追求

（一）坚持共同富裕的理念内涵与价值

党的十八大以来，"共同富裕"在中央文件中被多次提及。2020年10月，党的十九届五中全会审议通过了《中共中央关于制定国民

经济和社会发展第十四个五年规划和二〇三五年远景目标的建议》，明确提出 2035 年"全体人民共同富裕取得更为明显的实质性进展"的远景目标。2021 年 8 月 17 日，习近平总书记在中央财经委员会第十次会议上的重要讲话中指出，共同富裕是社会主义的本质要求，是中国式现代化的重要特征，要坚持以人民为中心的发展思想，在高质量发展中促进共同富裕。共同富裕是一个内涵丰富、层次多元的范畴，具有鲜明的时代特征和中国特色，即随着中国特色社会主义进入新时代，实现中华民族伟大复兴的步伐也逐渐加快，在实践中践诺共同富裕理论的现实需求成为全体人民的共同期盼。

共同富裕，是一个经济问题，也是一个社会问题，更是一个政治问题，它的内涵是全体人民的富裕，是全面发展的富裕，是公平正义的富裕，是差别有序的富裕。① 从这一目标出发，推进全民共富，需要解决三大难题。首先，改革开放以来，我国的贫富差距逐渐拉大，1978 年，我国的基尼系数是 0.317，到 2018 年，则为 0.467，超过了 0.4 的国际警戒线。② 而这种贫富差距主要表现为城乡发展速度、地域资源分配和各阶层收入水平的不平衡。其次，经济的快速发展，充裕了人们的物质财富，却也加剧了生产关系的复杂化和精神生活的贫瘠化。即人们内在的发展渴望——全面发展的需求在物质财富日益增多的当下没有得到满足。最后，习近平总书记指出，"我国现阶段存在的有违公平正义的现象"，公平正义的实

① 张占斌，吴正海. 共同富裕的发展逻辑、科学内涵与实践进路 [J]. 新疆师范大学学报（哲学社会科学版），2022，43（1）：63.
② 葛和平，吴福象. 中国贫富差距扩大化的演化脉络与机制分析 [J]. 现代经济探讨，2019（5）：24.

现，则能够保证全体社会成员平等享有教育、医疗、福利、就业等权利。①公平正义问题是社会文明发展的产物，是人们追求美好生活以及和谐社会的体现。就此，不管是全民健身，还是全民健康，其都是旨在通过自身的作用发挥，去助力破解走向共同富裕中面临的瓶颈，即始终坚持共同富裕，聚焦人类对美好生活的最终追求。

全民健康，是要在个体生命全周期过程中实现包括生理健康、心理健康、精神健康和社会适应良好在内的全身心健康②，其覆盖人群范围是全体公民。全民健身的全面普及和深入推进，既能为体育运动的全民化提供物理空间，也使得人们在闲暇之余有地方可去，充实了其休闲生活，满足了其精神需求；也能为人们提供丰富多样的活动赛事，久而久之，促进其身体机能各方面的指数发生相应的变化；还能为人们提供科学的健身指导服务，潜移默化中，促进其形成积极的健康观，由被动健康转向主动健康，进而养成良好的生活习惯。主动健康则强调个人主体在健康促进中的"第一责任人"作用，能够引发居民形成对个人健康负责、自觉自律的意识，引导居民养成自主自控、符合自身个性的健康生活方式，进而使热爱健康、守护健康的社会追求蔚然成风。主动健康对社会健康问题进行剖析和分辨，强调健康关口前移，突出身体活动和疾病预防的重要性，鼓励人们通过长久、持续的自我管理追求全生命周期的健康关照，帮助构建自我为主、人际互助、社会支持、政府主导的健康管

---

① 林进平.中国特色社会主义公平正义的理论特质 [EB/OL]. 人民网, 2019-10-25.
② 卢文云, 陈佩杰.全民健身与全民健康深度融合的内涵、路径与体制机制研究 [J].
体育科学, 2018, 38 (5): 36.

理模式，促进形成人人参与、人人尽力、人人享有的卫生与健康治理新格局。

在此基础上，全民健康得以实现，而全民健康覆盖的目标是确保现在和将来所有人都可以获得预防、促进、治疗、康复等所需的卫生服务，而不会有经济损失或陷入贫困的危险。就此，全民健康的推进，就是促使单一的医疗卫生向多层次、多元化、多样态的综合领域转变。已有的研究证明，健全的医疗保障体系具有脱贫效应，即它能减轻低收入人群受到健康冲击时收入下降的程度。[1] 在一个全民健康的社会中，家庭的医疗支出减少，健康资源更为普及，个体的健康资本提升，从而被赋予对更高层次权利的追求。基于全民健康的实现，社会的发展质量和效益得以提升，个体的全面发展就有了强有力的支撑，社会公平公正的实现也就有了可能。故宏观来看，全民健康的实现有利于营造和形成社会活力氛围，增强社会团结与凝聚力；中观层面，全民健康是社会生活的目标和核心内容，为健康生活方式养成提供向导；微观来说，全民健康聚焦家庭和每个个体，探索多类型身体疾病预防与康复的准确手段。

"八八战略"实施以来，不管是在全民健身领域，还是全民健康方面，浙江省一直秉承着以全省人民对美好生活的最终追求为奋斗目标，即从不断满足人民群众的健身需求出发，从每一块健身场地、每一场赛事活动、每一次健身指导入手，全民健身发展成果由全民共享，凝聚体育的向上力量。2022 年 2 月，国家体育总局率先与浙

---

[1] 于新亮,上官熠文,申宇鹏,等.因病致贫：健康冲击如何影响收入水平？——兼论医疗保险的脱贫效应 [J].经济社会体制比较,2020 (4)：37.

江省政府合作，签署《关于支持浙江省体育领域高质量发展建设共同富裕示范区的合作协议》，努力推动体育成为共同富裕示范区"全民健康的基石"，即在浙江省率先形成高质量、全覆盖、均等化的全民健身公共服务体系，推进人的全生命周期公共体育服务优质共享，故全民健身是实现共同富裕的重要内容和衡量指标，其在建设共同富裕示范区中发挥着不可替代的作用。

（二）人类对美好生活最终追求的实现

1. 人人拥有健康的生活方式

体育生活方式是在社会生活中，人们为了满足健康需求而自发产生的、长期持续的及稳定的所有体育活动行为与习惯特征。① 它是人们出于自身健康的需求自发产生的行为方式，是在一段时间内保持活动参与和健身锻炼的状态，具有长期持续性和自身独特性。随着数字化技术的发展，日常工作方式的转变和社交媒介的转换造就了"久坐一族"，超长的静坐时间和伏案工作以及锻炼时间的压缩对人们的身体健康造成了极大隐患。在全民健身开展过程中，人们获益于身体活动带来的放松和舒展，自觉将锻炼和健身作为生活方式的一部分。尤其是在新冠疫情发生后，更是催生了人们的健康意识和锻炼内驱力。于是，为了进一步倡导"每个人是自己健康的第一责任人"理念，引导公众提高自我健康管理能力、养成健康行为和生活方式，浙江省启动全民健康生活方式宣传月，通过系列活动和

---

① 王春顺，李国泰. 健康中国视域下全民体育生活方式的建成路径探讨［J］. 河北体育学院学报，2019，33（1）：52.

广泛宣传，掀起全民健康生活方式的高潮，推动全民健身向纵深发展，让健康理念和生活方式走进市民心里。2019年，丽水举行主题为"健康丽水 活力丽水"的健康生活方式养成行动大型活动，利用"互联网+"手段，开展机关企事业单位职业人群团队 PK 赛、全民健身活力赛和健康管理三大活动。① 2021年，"健康嘉兴行"全民健康生活方式宣传月活动在嘉兴市举行，包括健步走、健康讲座和发放宣传资料等，倡导健康生活方式。②

2. 人人拥有丰富的精神生活

全民健身文化以休闲为核心，以改善民族体质和保持健康为目的，以运动、娱乐、养生、保健等活动为手段，进入社会大文化系统。全民健身鼓励人们以主动的方式追求高质量的娱乐休闲，将运动作为情绪消化和精神改造的途径，具有健身特性。另外，其时空开展、人群组合和活动方式具有灵活性和自主选择性，通过游戏化、娱乐化的形式提供不同群体身体条件的适应性，并在丰富多彩的活动中发挥稳定人们社交关系的功能③，使人们短暂远离媒体科技，获得群体归属感。在此过程中，一方面，使人实现"自然化"，在自由、解放、亲近自然中保持和谐开放，通过身体的体验感受自我，体悟生活和人生存在的价值与意义，通过"由己""返身""归朴"到还原"自我"，不断超越自我寻求生命"本真"的存在，以充分显

---

① 浙江省健康促进县创建暨"健康嘉兴行"2021年嘉善县全民健康生活方式宣传月活动在嘉善西塘镇祥符荡举行 ［EB/OL］. 嘉兴市体育局官网，2021-09-26.

② 我县开展全民健康生活方式宣传月活动 ［EB/OL］. 嘉善市人民政府网，2021-09-22.

③ 卢元镇. 全民健身文化建设刍议 ［J］. 体育文化导刊，2015（3）：36.

现生存的意义；另一方面，运动使精神品格臻于"完善化"，通过身体在场传达精神的生活方式，如挑战的勇气与胆识，不畏艰难、顽强拼搏的精神等，不仅可以提升和恢复人的体力，还能不断地改造主观世界，包括思维方式、价值观念、精神境界和道德情操等。① 比如，在养老服务中融入群众体育活动和健身活动的内容，可以缓解老年群体在离退休后产生的空虚、失落、沧桑感，建立沟通交流的纽带，促进自我表达和外向反馈，在强身健体和广交朋友中提升其幸福感、成就感、价值感，从而丰富其精神生活，维系与社会的联系并持续地参与社会和实现价值。②

3. 人人拥有优质的健康资源

健康资源囊括医疗设施、养老设施、健身设施、公园绿地与城市环境、公共卫生社会组织与实体等多样内容，对疫病预防与治理和提高居民福祉具有至关重要的作用。③ 随着全民健身的普及，公众对于癌症等疾病康复和生存能力的讨论也不断演变，从对医疗诊治水平的关注到强调自我护理的重要性。而一些医疗护理机构关注的重点仍是医疗监督，对患者心理社会支持和健康促进较为忽视，因而需要敦促公平、以人为本、安全和高质量的护理和健康资源与受众进行良好衔接。医疗资源发挥疾病管理功能不能以牺牲患者心理、情感、精神和信息需求为代价，在优化对患者的理解过程中，治疗

---

① 薛天庆，朱永飞. "成为人"：休闲体育发展的时代诉求 [J]. 吉林体育学院学报，2018，34（3）：18.

② 张雪立. 丰富精神文化生活，提升老年人幸福感：以湖北理工学院为例 [J]. 现代职业教育，2018（34）：156.

③ 冉钊，周国华，张鸿辉，等. 城市健康资源与人口分布空间关联性：以长沙中心城区为例 [J]. 资源科学，2019，41（8）：1488.

设计和实施中的组织和模式也要从传统向新概念升级，并且要联动家庭指导和社区支持，推动优质化建设和持续保障。此外，在全民健康需求下，资源规划需多方面考虑，以促进可达性与公平性。在比照重点区域布局和人口需求下，城市健康资源的空间格局最大限度地满足可持续利用与发展，优越公共空间资源不断调控优化。将体育和休闲娱乐相关部门和组织作为健康促进的主体之一，是卫生政策制定者和战略规划人员实施的一项新战略，良好的组织环境和广泛社区的支持有利于这些组织制度化并为社区发挥功能，有利于健康促进和公共卫生。

4. 人人拥有追求更高层次的权利

健康权在人权法中得到承认，成为权利目录的一部分，它规定各国政府有责任建立一个健康保护系统，使个人能够享有可达到的最高健康标准。健康权维护所有个人的权利，包括那些有限资源下的弱势群体和边缘人群，国家有道义上的必要性和义务以协调一致的行动解决不公正的问题，有责任在适当的时候采取行动。而促进全民健康和社会正义的工作目标不仅是改善健康状况，保障公民体育权利、生命健康权的享有和均等，还包括人类对发展更高层次权利的追求。比如，享有科学进步及其应用带来的好处的权利，包括自由从事科学活动的权利和享受科学进步的权利、个人利益牵涉健康科学研究的知晓同意。科学的好处，包括获得医疗服务、提供新的诊断、提供新的治疗设施或从研究中获得的疫苗与药物等，对卫生服务的支持，应该同全社会和全人类分享，同时保护人民免受滥用科学技术可能造成的有害影响。① 全民健康的促进对医疗服务保障体系提出了更高的要求，患者投诉意见反馈了期望的医疗服务可获、可用的权利，获得优质医疗服务的权利以及在医疗保健中享有尊严和平等的权利②，在健康改善中拥有更自由、开放的参与和表达机会。

---

① DONDERS Y. The right to enjoy the benefits of scientific progress: in search of state obligations in relation to health [J]. Medicine, Health Care and Philosophy, 2011, 14 (4): 378.

② SUNDLER A J, DARCY L, RABERUS A, et al. Unmet health-care needs and human rights: A qualitative analysis of patients' complaints in light of the right to health and health care [J]. Health Expect, 2020, 23 (3): 615.

第三章　全民健身迈向全民健康的运行机制

一、全民健身公共服务的协同治理机制

(一) 协同治理机制的内涵

随着国家治理体系和治理能力现代化目标的提出，对于全民健身公共服务的资源配置方式和参与主体组成也提出了转型改革的新要求，现代治理理论的概念和阐释为其多元供给主体协同机制的构建提供了理念支持。美国学者文森特·奥斯特罗姆（Vincent Ostrom）将多中心概念引入公共管理领域，提出多中心治理理论。该理论认为多主体合作进行公共事务管理能调动主体参与积极性，提高资源配置的灵活性和事务处理效率。多中心治理建立在彼此信任合作的基础之上，创建一种"服务—信任—商谈"的伦理机制，围绕提高公共服务供给水准的共同目标，囊括政府部门、社会组织、市场组织、社会公众各行为主体，在竞争与合作中相互博弈，相互配合，相互

协调。英国政治理论家鲍勃·杰索普（Bob Jessop）提出了"一核多元"治理理论，其沿袭了多元治理主体参与合作的论点，同时也强调了多中心各主体中"核心"角色的主导作用。其中"一核"即为多中心治理结构中的核心主体，它在治理过程中承担主导作用；"多元"即为多中心治理结构中的其他参与主体，在核心主体的引领下发挥治理的主观能动性。① 为避免在公共产品和服务提供过程中各主体的观点立场和利益趋向产生分歧，致使权责边界的模糊和责任承担的推诿，需要保证"一核"即政府的权威性和引领性，克服多中心的平行化和独立化，以凝聚面向公共服务供给共同目标的向心力，避免多主体合作的"失灵"。全民健身上升为国家战略，其公共服务的资源配置方式也从政府主导向政府、社会和市场相结合的形式转变，参与责任主体由体育系统向政府、市场、社会等多元供给主体融合转变，跨界整合。协商民主理论认为公共协商的过程是自由平等的意见征集和共识达成，使得决策结果围绕大众偏好符合集体选择的偏向，经由审视和讨论赋予其合法性、合理性的支持。② 融合过程中各主体通过民主化的协商和集体性的对话形成公共服务的决策过程，契合协商民主的程序规范和价值要求。

全民健身公共服务多元供给主体包括其完整运行系统中的生产提供者、消费使用者、管理治理者、评价监督者等多类利益相关者，

---

① 冯加付，郭修金．"一核多元"视角下我国公共体育服务供给主体互动关系及推进策略［J］.体育文化导刊，2020（5）：33.
② 廖磊，叶燎昆，高奎亭，等．全民健身公共服务供给协商决策：实践困境与优化策略：基于协商民主理论视角［J］.武汉体育学院学报，2022，56（6）：35.

具体而言即政府、市场、体育社会组织、营利性体育组织、公众等。① 多元供给主体协同机制旨在确定全民健身公共服务的政策立法、治理策略和实施细则，厘清各主体的角色定位和协同机制。政府作为多元的核心，担负着全民健身公共服务的总体设计、远景设想的统帅职责，拥有供给机制建制、准入、监督、调停的权力，具有政策供给者、服务购买者、秩序监管者的角色身份。② 全民健身公共服务在接入市场、抵达公众的过程中，政府主管部门需要事先调研、事前规定程序规范和服务标准，建立健全政府购买服务的规范化流程，提供指导性标准；向社会力量购买服务时，需要甄别和选定可靠的供应商和供应内容，创新购买方式和采购来源，以衍化优质可持续的有效供给；在系统运转的全过程中，政府需要树立监管的权威、保持监管的公允、提高监管的效率，在"多头管理、分散监管"的局面下，引入外部监督渠道、严肃自身内部监督，以规避秩序监督中的舞弊行为和偏颇对待，保持服务供给的客观性和公正性。

市场企业和社会组织是市场机制下公共体育服务治理现场的进入主体，遵循市场供需关系、引入良性竞争机制，积极发挥市场在资源配置中的灵敏调节作用。作为政府购买服务的对象，市场提供了基本公共服务以外的增量资源，在基础性公共服务之外，以中高

---

① 马蕊，贾必成，贾志强. 社区全民健身公共服务供给治理研究 [J]. 体育学研究，2019，2（3）：91.
② 史小强，戴健，程华，等. 政府在购买全民健身公共服务中的角色偏差与矫正 [J]. 成都体育学院学报，2018，44（1）：75.

端的体育服务满足较高品质的全民健身需求，弥补了政府供给统包统管的服务局限，也促进"服务型"政府模式的打造转型，更好匹配公众的特定需求。在市场机制下，体育组织功能的自主性和创造性也得以提升，从被动化依赖转向主动强化自治，积极打破市场壁垒，融入公共服务的造血环节。另外，非营利性体育组织也发挥其自治性、民间性、公益性等天然禀赋，通过卓越的民主价值观的引导，调节政府市场绩效和利润导向下的不良趋势，参与协商民主治理，帮助实现全民健身公共服务的均等化供给。[1]

公众对于全民健身公共服务的满意度是检验政府绩效和市场调节机制的根本标准，公众也是全民健身公共服务的供给对象和消费者。作为全民健身的直接参与者，其主观能动性和行为参与对于全民健身公共服务的实施效果具有关键影响力，其感受和评价对公共服务供给效果的衡量具有关键发言权，实现公众多层次、多元化的全民健身需求，丰富人民群众的体育生活和精神世界，强健人民群众身体素质和体格是全民健身公共服务的目标。总体而言，全民健身公共服务的多元供给主体协同，就是基于共同认可的公共利益与目标，将人才、设施、信息、资金、技术等要素围绕政府、市场、组织、公众等层面进行联动耦合，以达成民主的协商合作、建立维护相互依赖的合作关系、培养全方位的支撑体系、对公共服务资源进行交换与共享的过程。[2] 全民健身公共服务多元供给主体协同机制

① 马蕊，贾志强. 政府与社区全民健身公共服务联动逻辑及路径创新 [J]. 南京体育学院学报（社会科学版），2017，31（2）：44.
② 唐刚，彭英. 多元主体参与公共体育服务治理的协同机制研究 [J]. 体育科学，2016，36（3）：14.

要打造"强政府、活市场、大社会"的治理格局，充分用好政府的有形之手、市场的无形之手和社会的自治之手。①

围绕全民健身公共服务多元供给主体的协同机制，各系统充分发挥其功能、职责、优势以形成合力，其运行机制表现为"合作—竞争—制衡"的动态锥形结构。从公共利益与权益发散，各部分意向一致、利益契合，依托各自的资源优势在供需各环节进行交互的动态治理。在公共理性的前提下，全民健身公共服务的多元供给协同运行机制遵守参与、民主、适度、责任的规则，秉承需求导向、兼顾公平与效率、分层供给、建立协同目标、以供需矛盾和利益契合构建协同行为的原则。以全民健身的需求表达、需求结构、需求数量质量、需求评价为决策依据，各部分自由平等地参与民主协商过程，明晰矫正系统运作的角色定位，主次分明地发挥治理作用，在适度的范围内行使权利、谨慎思考、发挥主观能动性，既完成公共服务的需求满足，实现供给侧和需求侧的匹配平衡、地域和人群间的共享均衡，又因地制宜地激发服务组织的活力，提升治理效率，打造创新服务的运行模式。在多元供给主体的协同机制下，全民健身公共服务优化策略包括扶持和鼓励体育社会组织的发展；完善体育场地器材、体育信息、体育组织人员、体育投资配置；灵活特许经营、合同外包、购买服务、公私协作、志愿服务等协同治理方式；提升全民健身的科普和指导，丰富全民健身主题活动和精彩赛事，引入市场机制参与群众活动的开办开展；建立健全社区健身指导网

---

① 冯加付，郭修金．"一核多元"视角下我国公共体育服务供给主体互动关系及推进策略［J］．体育文化导刊，2020（5）：32.

络和队伍，提升全民健身公共服务的科学性、教育性，进行动态化
协调和持续性服务。

（二）浙江省全民健身公共服务协同治理机制

在计划经济体制下形成的体育"举国体制"，政府几乎行使体育
事业的全部管理职权，体育管理部门则负责体育事业发展的全部事
务，而这一管理体制也延伸到了全民健身公共服务中。浙江省抓住
全国深化"放管服"这一改革契机，首先是推进体育行政管理体制
改革，包括厘清政府、市场、社会职能边界，加快体育领域政府职
能转变，推进政企分开、政事分开、政社分开，实现管办分离。如
各级体育行政管理部门把工作重点转到认真贯彻落实党和国家体育
工作方针政策上来，制定和实施体育行业发展规划和保障措施等，
并深化"四张清单一张网"建设，以及完善政府购买体育公共服务
目录和标准，充分发挥市场机制和行业自律作用，通过签订合同、
委托等政府购买服务方式，把体育赛事活动举办、场馆运营、业务
培训等公共服务和行业自律能解决的事项，逐步交由体育社会组织
和相关市场主体等社会力量承担。如 2020 年 1 月，浙江省发展和改
革委员会联合 29 个省级部门出台《浙江省基本公共服务标准（2021
年版）》，而"体有所健"位列其中，明确了由浙江省体育局牵头
的公共体育设施开放服务及全民健身服务的内容及标准。再如，
2020 年 4 月发布的《〈浙江省体育发展"十三五"规划〉2020 年度
重点工作实施方案》中，提出推进体育产业孵化平台建设，发挥体
育产业引导资金、各类体育投资基金的推动作用。

其次是推进全省体育社团实体化改革。包括按照规范化、社会化、实体化、专业化要求，引导体育社会组织健全法人治理结构，规范内部运行机制，提高自我发展能力。2017年年初，浙江省体育局篮球运动政府职能向社会组织转移试点动员会暨全省体育社会组织实体化建设推进会在杭州召开，以做活深化体育改革的"全盘棋"为重点，全面推进改革向纵深发展。该会议标志着体育社团改革试点工作正式启动，也标志着深化"简政放权、放管结合、优化服务"改革迈出重要一步。按照积极有序、分类指导、分步推进的原则，支持体育社会组织逐步承接体育领域政府职能转移。如2021年6月浙江省发布《关于高质量推进全省体育社会组织体系建设工作的实施意见》，其中明确指出，通过政府购买服务等政策加大培育扶持力度、引导其拓宽服务收入等渠道，把体育事务性、行业性标准管理等职能转移给具备条件的体育社会组织，同时鼓励支持体育社会组织与企事业单位的合作，符合条件的可兴办经营实体等。

再者就是健全全民健身公共服务评估机制，将市民满意度纳入评价指标中。浙江省城乡居民对全民健身的满意度包含体育场地设施满意度、体育赛事满意度、体育组织满意度、体育健身指导满意度等方面。《2021年浙江省全民健身活动状况调查报告》显示，浙江省城乡居民对全民健身的满意度平均得分为76.75分，每个地市得分：湖州87.79分，杭州82.80分，宁波82.40分，温州80.57分，嘉兴75.59分，金华75.05分，绍兴73.79分，台州72.89分，衢州72.17分，丽水70.92分，舟山70.26分。这一得分一定程度上能够反映当地市民对于其所在地区提供的全民健身公共服务的满意程度。此外，浙江省体育局依托省政府政务服务平台，及时受理群众政务咨询、投诉、建言建议，及时通过网络反馈办理情况等。如针对全民健身有关的政策文件，相关行政部门会面向社会公众征集意见并给予反馈；再如，在公共体育设施管理中，浙江省体育局畅通群众投诉建议渠道，建立问题反馈整改落实闭环机制等。

作为政府职能向社会组织转移试点的篮球运动，浙江省出台《关于开展篮球运动政府职能向社会组织转移试点的意见》，制定实施《浙江省篮球协会实体化改革方案》，建立健全改革配套政策，为其提供政策支撑。自 2017 年实施改革起，到 2021 年年底，全省篮球赛事活动已逾 1000 场，参赛人数近 50 万人次，观赛人数超过 500 万人次，全省各级篮协已经覆盖 11 个市、85 个县区，营造了"篮球之家"的良好氛围。① 此外，浙江省篮球协会还率先在省级体育协会中开展标准化建设，会同省标准化研究院制定完成了《篮球培训机构评估规范》《篮球运动员技术等级认定要求》《小篮球运动员技能测评规范》3 项团体标准，发挥了协会在篮球运动规范化发展中的引领作用。在政府向社会力量购买全民健身公共服务方面，除了省本级向社会公开招标外，各地方政府也在积极推进，以杭州市为例，2020 年上半年，杭州市体育局向社会组织购买公共体育活动服务共 25 项，包括第三届杭州市民体质大赛、第四届杭州·湘湖泳渡节、奔跑吧杭州 2020 城市定向挑战赛、科学健身公益课堂（进文

---

① 袁卫，王志刚. 开创具有浙江特色的篮球改革之路 [EB/OL]. 今日浙江网，2021-
12-31.

化礼堂）和节假日全民健身活动等，共计486万元。① 在一系列举措实施下，浙江省体育行政部门逐渐"放权瘦身"，体育社会组织不断"健体强身"，体育市场主体日益壮大，从而为全民健身公共服务协同治理格局的形成奠定了良好基础。

除此之外，浙江省体育职能部门依托全省全方位深化政府数字化转型，通过打造"整体智治、唯实唯先"现代政府的契机，并以《政府数字化转型总体方案》为指引，遵循省政府"四横三纵"七大体系设计总体架构，制定出台《浙江省体育局数字化转型建设三年行动方案（2019—2021年）》和《关于深化体育领域"最多跑一次"改革推进全民健身公共服务系统建设的通知》等文件，不断完善数字体育发展政策。聚焦政务服务2.0工作任务，梳理全省体育系统权责清单和公共服务事项清单，完善办事流程和办事指南，实现体育公共服务事项全面领跑，事项跑零次率、材料电子化比率、网办率均提升至100%，网上办、掌上办成效显著。在省"数字体育"建设领导小组带领下，体育系统"数字政府"建设工作得到全面落实，形成了涵盖法制保障、领导体制、管理体制的跨部门在线协同机制，同时也打通了与线下全民健身公共服务各项工作的链接，实现了全民健身公共服务线上线下多元主体的协同治理。

党的十九大明确指出，"赋予省级及以下政府更多自主权"，这为激发地方改革创新性增添了动力，也为地方自主性改革提供了可

---

① 杭州市体育局向社会组织购买公共体育活动服务目录［EB/OL］. 杭州市人民政府门户网站，2020-06-25.

以发挥的政策空间。浙江省体育系统结合党和国家机构改革，及时推行"最多跑一次"改革，以体育社会组织实体化建设为突破口，发挥数字技术在服务型政府建设中的积极效应，引入以市民满意度为出发点的全民健身公共服务评价机制，并把握好改革创新性、继承性与连续性的有机统一，在全民健身公共领域搭建了以权力清单制度为基础的多元主体参与的协同治理机制。

二、全民健身公共服务的社会化机制

（一）社会化机制的内涵

全民健身公共服务社会化，是指政府部门将所承担的提供公共服务的职能，向社会组织、市场和企业进行转移，在对体育公共服务的供给和管理过程中，由政府独家负责转变为政府和社会力量合作提供，个人和社会主体都能成为公共服务的供给者和管理者，并为推动公共服务的良性发展展开合作竞争。[①] 在发达国家实践过程中，政府在公共体育服务中承担掌舵者的角色，负责相关政策法规的制定和国民体质健康水平的监测，而具体的公共服务实施细节，则依靠协会、民间团体、俱乐部等基层组织完成，以市场为主导贯彻独立半独立的管理形式。[②] 在社会主义市场经济体制下，随着服务

---

① 刘玉. 发达国家体育公共服务社会化改革经验及启示 [J]. 西安体育学院学报，2011，28（3）：296.

② 霍军，李海娜. 全民健身战略下体育产业社会化运行机制研究 [J]. 山东体育学院学报，2016，32（3）：9.

型政府的转型和角色转变，加上全民健身公共服务多元供给主体的协同，为公共服务的社会化机制运行酝酿了充分条件。以先进价值理念为指导，结合全民健身公共服务推进的实际情况以及国家战略和社会环境，通过科学制度设计进行社会化改革，将其纳入社会主义市场经济体制中，进而建立以政府引导、社会承担为主的适宜体系。

在全民健身公共服务社会化推进过程中，服务主体和资源、社会环境要素的表现十分关键。体育非营利组织作为社会化改革中的重要力量，承担着重要的公共服务职能。从实践经验中发现，非营利组织的数量、拥有的成员人数、独立性、自主判断调查力和制度的完善性同公共服务的供给效率和质量息息相关。体育非营利组织和政府合作，将公共服务的设施资源配置专业的指导员等人力资源条件，从而提升场地设施利用率和全民健身的体育科普率。体育非营利组织同市场合作，市场利用组织的专业技术人员、专业组织能力、专业服务经验提高全民健身公共服务的供给能力和供给质量；非营利组织通过市场体育设施实现成员体质健康水平改善、公民公共服务意识增强等工作目标。[1] 市场中的企业主体，在政府宏观把控和竞争机制的调节下，通过合同外包、委托生产等方式向政府提供购买服务内容[2]，通过公办民营、民办公助等形式进行公共体育服务运作。

---

[1] 刘玉. 我国体育公共服务社会化系统运行理论、困境及路径 [J]. 上海体育学院学报，2013，37（1）：16.

[2] 张燕，郭修金，杨斌. 我国公共体育服务组织体系的演进历程及模式建构 [J]. 上海体育学院学报，2015，39（3）：9.

全民健身公共服务均等化的推进，一定程度上有助于消弭社会化机制实施的阻力。对重点人群和弱势群体的公共服务保障和社会福利的提供，有助于扩大全民健身公共服务的覆盖范围和影响人群，满足大众的利益需求，以避免厚此薄彼、分配严重不公引起的利益冲突和反对心理。在满足最广大人民群众的基本全民健身公共服务需求的前提之下，全民健身公共服务不仅可以激发人们对个性化、高品质、创新性公共服务的期待值和可达性，而且可以焕发市场和社会供给机制的活力和动力值，以优质完善的社会公共服务匹配大众的需求升级。监管与评估体系的科学性也是全民健身公共服务健康发展的重要支撑，为避免市场逐利性驱使下对资源配置公平与责任的忽视，调和各主体间的合作竞争关系，推动市场机制的合规高效运行，发挥全民健身公共服务配置的经济、政治、社会综合效益。公共部门在全民健身公共服务供给中要兼顾效率与公平，一方面，要通过政策利好和经济扶持帮助市场主体成长和参与公共服务；另一方面，要制定有据可依的法律体系，对市场主体及其行为进行监管，同时引入多元监督网络，让社会、公众共同成为全民健身公共服务的监督者。

在全民健身公共服务社会化改革过程中，需要落点实施重点难点问题，以提出针对性的解决举措。从政府和公共管理部门层面出发，公共服务为政府事业的传统观念根深蒂固，行政集权以及体育管理体制的约束使得市场主体参与的内驱动力不足，庞大烦冗的官僚层级制度下体育公共利益的表达也容易产生变异和延误，在相关文件和政策法规的表达中对于职责分工的可操作性细节深化还不够。

一些单项协会在社会化形势下转为在管理系统内部改革进行利益瓜分，本质还是行使政府职能，社会化和市场化程度不足。① 从体制层面衍生，进入门槛的限制容易造成社会化不足和过度市场化的问题。当全民健身公共服务受限，加之公众对全民健身公共服务的消费认知不足，在市场不够成熟的情境下，公众对全民健身公共服务的热情不足，不利于社会资本投入公共服务领域形成投资营收，全民健身公共服务发展的私人资本融资发展态势较差。

然而，考虑到社会投资和融资的优势和利好，市场和社会化机制介入也对全民健身公共服务的目录和品类产生了深刻的影响。在资金投入、资源基础和组织优势下，高档健身场馆、网球场等服务受收入和经济水平较高群体的青睐，而对弱势群体的基础性公共服务的满足还不够，更偏向于政府主导的服务供给模式，不利于均等化目标的实现。受此经济环境以及体育人口分布差异的影响，全民健身公共服务在城市与乡村、从县城到中心都市的布局头重脚轻。同时，对学校体育设施对外开放开展大众性体育活动、社区全民健身工程建设与长效管理等社会化路径的探索和长期运维稍显逊色。从服务的层次看，就常见公共服务类型而言，一般以基础设施类、要素保障类、技能培训类公共服务为主体，而公共服务信息、公共服务营销等综合配套宏观供给不足②，公共服务的同质性和单一性较强。

---

① 刘玉. 发达国家体育公共服务社会化改革经验及启示 [J]. 西安体育学院学报，2011, 28 (3)：298.

② 刘玉. 我国体育公共服务社会化系统运行理论、困境及路径 [J]. 上海体育学院学报，2013, 37 (1)：16.

　　据此，全民健身公共服务社会化机制的完善，要协调和改善其置身的经济、政治、文化环境。在制度设计上，以市场经济体制为依托，以人本价值理念为遵循，以中国特色为根基，加强公共服务利益表达机制、分配机制、监管机制建设，不断细化政策方略的可操作细则，加强市场主导的灵活性和科学性，把握社会参与的限度和边界。同时建立完整的评估监管机制，以维系社会化机制的长效运行，监测社会化供给的绩效和动向，因时因地进行管理体系的革新和调整。对于体育非营利组织，在扩充其数量之外，也要借鉴先进文化团体和文化类非营利组织的经验，孕育孵化高素质组织，增强其独立性。面向全民健身公共服务的受众，要加大宣传和科普教育的力度，转变大众体育参与和公共服务社会化的认识和观念，体悟社会化机制的运行意义，增强对全民健身公共服务获取内容和运营模式的了解，不仅作为服务体验消费者的身份出现，也能作为投资者、组织者。社区作为社会化机制运行的前沿阵地，要以全民健身活动站点为基础，依托专业人才、管理平台和设施做好资源整合，夯实人群基础，促进社会化快速、可持续稳定发展。在达成均等化目标这一重中之重上，要兼顾社会化运行机制的公平与效率，通过调整财政支出水平、转移支付规模等方式，促进经济扶持的相对平衡，缓解社会化全民健身公共服务供给中的利益冲突以及社会化服务中的供需矛盾。

（二）百姓健身房建设的"温州样本"

早在 2006 年发布的《浙江省体育强省建设与"十一五"体育发

展规划纲要》（以下简称《纲要》）中就提出，"各级体育行政部门要加快职能转变，在'办体育'转向'管体育'的基础上，加快向服务型管理转变，切实承担起群众体育的宏观管理职能"。作为纲领性文件，《纲要》为政府购买全民健身公共服务奠定了基础，创造了条件，也指明了方向，自此浙江省各地区结合自身条件和体育事业发展目标，陆续以不同的方式实践政府向社会组织购买全民健身公共服务。在这一过程中，温州扎实推进、大胆探索、善于创造，取得了一批可复制可推广的经验，为浙江也为全国的体育事业改革提供了诸多宝贵的"温州样本"。

2011 年，温州市出台《关于政府购买社会组织服务的实施意见》，其中提出政府在公共卫生、公共就业、公共文化体育、法律、教育等领域向社会组织购买服务。2014 年，温州市又印发《温州市级政府购买服务采购管理暂行办法》，对采购执行及方式、项目组织实施、履约验收管理等事项进行了明确规定。这些文件为政府向社会组织购买全民健身公共服务提供了政策支撑和法律依据。2015 年至 2016 年，政府向社会力量购买全民健身公共服务的工作就得到了进一步推进和规范，2017 年温州市基本建立了比较完善的政府购买全民健身公共服务制度，形成了与经济社会发展相适应、高效合理的全民健身公共服务资源配置体系和供给体系。也是在这一年，国家体育总局与浙江省人民政府签署协议，全国唯一的社会力量办体育试点正式落户温州，就此温州担起了为中国体育发展探索新路子的"探路者"使命。

作为社会力量办体育"温州样本"之一的"百姓健身房"项

目，受到全民点赞，成为温州体育改革的金名片。截至 2021 年 10 月底，温州市累计建成具备对居民免费或公益低收费开放的"百姓健身房"246 家，遍布温州各个县（市、区），在连续监测的 33 家百姓健身房中，总注册会员超过 8 万人，累计健身逾 150 万人次。[①]"百姓健身房"开放时间每天不少于 8 小时，收费形式为包时段，即有次卡、月卡、年卡可供选择，温州市体育局确定"通用年卡不超 365 元"的收费上限，具体收费标准由各个点自行决定。目前，全市三分之二的"百姓健身房"实行免费，三分之一实行低收费，收费每天不到 1 元[②]，市民便可自由使用健身房内的 20 余种健身器材，还有社会体育指导员在一旁提供专业指导。此外，在"温州百姓健身房"微信小程序中，市民既可以随时查看各个"百姓健身房"的具体地址，也可以一键获取个人健身信息，包括累计运动时长、运动天数，以及自己在全市参与体育健身人群中的排名等，这一设置增强了市民健身的互动体验。

该"百姓健身房"由政府专项资金引导补助，体育部门给予规划指导，村社、企事业单位等提供场地管理。为了推进"百姓健身房"标准化、规范化建设和可持续发展，温州市先后出台《百姓健身房管理办法》《百姓健身房建设与服务规范》和《百姓健身房星级评定办法》，均为全国首创。其中星级评定每年开展 1 次，实行动态管理，即如果在上一年已经评上星级的百姓健身房，在当年评比

①　窦瀚洋. 把健身房建在百姓家门口［N］. 人民日报，2021-11-26（13）.
②　温州建成百姓健身房 246 家，注册会员超 5 万人［EB/OL］. 浙江省体育局官网，2021-01-29.

图 8　方下店村百姓健身房（作者拍摄）

时，出现设施用于与体育无关的商业经营活动，因管理不善发生安全事故等情形，将被取消星级。星级评定对象是验收合格并投入运行的"百姓健身房"，评定方式是按照 26 个项目评分标准，进行综合评定等级，奖励方式为对评为三星、四星、五星级的一类"百姓健身房"，分别按县（市）范围和市区范围，每年给予 2 万元至 6 万元不等的运营补助。

以"百姓健身房"为阵地，温州市紧抓数字化改革契机，推进体育运动协会下沉"百姓健身房"，开展社会体育指导员公益教学配送实践活动。到 2021 年年底，温州全市目前共有社会体育指导员约 3.2 万人，每个社区至少配备一名社会体育指导员，另外，根据群众需求和点单，不定期安排舞蹈、健身、太极等 10 多种项目的公益教学配送，受益群众达 2 万余人次①，这一举措不仅向市民普及了科学健身的理念和方法，也提升了社会体育指导员的科学健身指导服务水平。

温州"百姓健身房"是其创新全民健身公共服务供给模式，推进全民健身公共服务社会化发展的典型案例，是政府主导、社会力量共同参与的成果。从选址，到建设，再到运营和服务等环节，各相关主体均参与其中，发挥各自所长，形成了以"百姓健身房"为载体的全民健身公共服务多元主体参与的合作治理机制。即政府提供补贴、制定规章制度、进行监督管理，企业负责市场运营，体育社会组织提供科学健身指导服务，第三方机构承接评估工作，居民则表达体育需求以及反馈对服务的满意情况等，各司其职，相互协同，共同推进全民健身公共服务高质量发展。

（三）社会机构开办运动康复机构的"上虞模式"

社会力量办体育是未来体育改革发展的方向，是保障公共体育服务供给效率与公平、促进体育行业有效竞争、实现体育资源有效配置的重要途径。② 2019 年 8 月，《体育强国建设纲要》明确指出，要进一步转变政府职能，调动社会力量办体育。这表明社会力量参与全民健身公共服务已然成为新时代我国全民健身公共服务突破瓶颈获得高质量发展的重要手段。这是由于随着经济体制与政治体制

---

① 温州百姓健身房获央视点赞［EB/OL］. 温州市人民政府网，2022-03-28.
② 王先亮，王晓芳，韩继振. 社会力量办体育的可行性及实现路径［J］. 体育学刊，2016，23（6）：26.

双重改革的深入推进，同质化的全民健身公共服务利益相关主体逐渐开始出现分化，广大人民群众的体育需求也不断向着更加多元和个性的方向转变，全民健身公共服务供需矛盾日益凸显。而社会力量参与全民健身公共服务供给因"志同道合、专业技能、固定职责"而呈现出较强的专业性，并且社会力量兼备较强的回应性①，可以有效"自下而上"地回应广大人民群众的多样化体育需求。

早在 2017 年，浙江温州就开始探索社会力量办体育的实践路径，在全省乃至全国范围内发挥了示范性作用。绍兴市上虞区，一方面基于其在"体医结合"试点工作上的经验积累，另一方面根据浙江省社会力量办体育改革试点项目要求，其自 2020 年 6 月起，就积极申请"鼓励社会机构开办体质测定和运动康复机构"试点项目，主要举措包括整合资源，展开全区国民体质监测抽样检测工作；共建体医融合与健康促进公共卫生服务新模式；推广免费运动康复项目；建设上虞区全民科学健身公共服务平台——上虞体育微信公众号等。2020 年 12 月 27 日，上虞区运动康复指导中心成立，从宣传入手，扩大受众群体，着力于向全区居民推广免费的运动康复项目。

依托上虞区运动康复指导中心，上虞区全民健身领导小组、上虞区体育总会、上虞区教育体育局与上虞区社会体育指导员协会和浙江越秀外国语学院达成合作，共同组建由校内外运动康复专家及主任医师成立的专家团队，为广大运动爱好者提供科学健身知识讲座、运动康复专家线上线下咨询指导、免费运动康复训练等服务。

---

① 张佃波. 社会力量参与全民健身公共服务供给：现实审视与实践路径 [J]. 体育文化导刊, 2022 (2): 64.

与此同时，区教育体育局向区社会体育指导员协会授牌区运动康复指导中心国民体质监测定点单位，向缘瑜伽·FR功能重建训练中心授牌区运动康复指导中心运动康复定点单位，通过对定点单位合理布局，提高国民体质监测效率，让免费运动康复指导普惠更多的人群；浙江越秀外国语学院则向上虞区运动康复指导中心授牌浙江越秀外国语学院运动与健康研究中心社会实践基地（以下简称"中心"），为相关专业的大学生提供社会实践的机会，中心也能获得一股新鲜力量，为参与健身的人群提供专业指导，进而为复合型人才的培养奠定了良好基础。此外，上虞区还积极以运动处方开具和运动处方库建设为基础和导向，开展国民体质监测工作。仅2021年，就完成全区4200人的国民体质监测抽样测试，并出具科学的运动处方，基本实现了辖区基本类型的运动处方库建设。①

上虞区更是充分利用基层医院和基层卫生服务中心的力量，一方面，在上虞人民医院体检中心等4家区级医院进行试点，将体质健康测试项目（不少于3个）纳入居民健康体检之中，居民个人体质健康档案建档率不低于60%，实现了居民体检与体质测试的融合与操作；另一方面，在乡镇街道卫生服务中心设立了体质监测站，不断加强体医融合对体质监测的支持和指导，目前已经实现70%（含）以上乡镇街道卫生服务中心设立体质监测站，全区已有14个乡镇街道卫生服务中心将体质健康测试项目（不少于1个）纳入居

---

① "体医结合"推动健康发展新模式：绍兴市上虞区着力深化"体质测定和运动康复试点"显成效［EB/OL］. 浙江省体育局官网，2022-03-04.

民健康体检。① 这是上虞区在深化社会力量办体育改革道路上，在"体医融合"领域方面所进行的探索，它打破了传统由政府单一主体提供体质测试和运动康复服务的模式，即区体育职能部门通过政府购买第三方服务的方式，让更多的社会力量加入体质测试和运动康复服务供给中，并积极转变其职能，从而形成多元主体合作的良性互动格局，走上了一条专业化、社会化之路，也让体医融合的成果惠及了更为广泛的人群。

三、全民健身公共服务的指数评估机制

（一）指数评估机制的内涵

全民健身公共服务评估机制是在全民健身公共服务相关活动中对投入、产出和结果等表现界定评价指标体系和评价方法，形成具有适应性和可行性的评估模式。由于公共服务的供给在区域、城乡、人群间的不均等现象依然存在，同时公众爱好和趋向偏好又存在不同的需求表达，为切实保障公共服务的质量和科学有效治理，推进全民健身公共服务的多元主体协同治理和社会化机制改革，有必要建立普遍可依循的评估机制，在供给效率和满意度之间寻求均衡点，客观、科学、真实地反映公共绩效和治理效能。普遍的评估形式主要包括政府直接评估、第三方评估和综合性评估。在实践中选择传

---

① "体医结合"推动健康发展新模式：绍兴市上虞区着力深化"体质测定和运动康复试点"显成效〔EB/OL〕. 浙江省体育局官网，2022-03-04.

统政府评估的占比较高，其主观色彩较浓厚，评估的着眼视角和出发点局限较大。鉴于公共服务参与主体的多元化，并且随政府职能转型产生的社会化倾向，评估机制的监督视角不应局限于行政管理和公共部门内部，而是将政府、社会主体、个人主体的评估着眼点共同纳入评估机制的构建，并且保证其流程的透明度和信息的沟通性。① 直接由多元治理主体中的一方做出绩效评估，可能会因为立场和自身利益的代表性使得理性化有失公允，评估结果丧失公信力，因此只有多主体共同或委托第三方做出的评估结果信服度高，才能实现评估的正向激励和导向功能。

政府购买公共服务的第三方评估机制，不仅代表着政府集权式管理制度的革新，而且也改善了传统政府自我评估的缺陷，也是对公共部门人员参与评估的有效协助。第三方是独立于全民健身公共服务供给、承接、服务对象以外的主体，作为外部制衡机制置身事外，具有公开透明、专业性、权威性、独立性的特性。第三方与公共服务管理者、承接方、购买方之间不存在利益关联，也没有行政隶属和合作伙伴关系，因此在评估过程中能够保持客观公正性，对评估结果负责。第三方评估组织常见为高校评价研究机构、专业科研评估机构、社会组织，也有由政府部门代表及市场、专家、社会承接主体代表、公众代表共同组成的"联合体"，在现代治理要求的规定下，科学评估，防止评估结果公平失准。

为赢得政府和公众认可，评估机制的内容主要涉及对公共服务

---

① 浦义俊，宋惠娟，邰崇禧. 善治视阈下公共体育服务均等化路径选择 [J]. 成都体育学院学报，2011，37（10）：8.

满意度、公共性、效益性的监测，对主体治理、资金监管、社会影响与价值、服务承接效果等进行专业研判。公共服务评估工作的推进有赖于承接社会组织的自我监督、社会公众的自发监督以及政府公共部门监管和媒体监督等，从服务生产到供给大众的流程来看，主要分为承接主体进入资质的评估、承接过程的中期评估、承接绩效的后期评估。通过信息汇集和调研在购买服务前期组织相关负责人和专家、公众等参与者进行洽谈协商，综合既往经验、资金保障和人才情况确认全民健身公共服务的承办或提供方式的能力。在进行过程中，制定相应的指标体系和评分标准，对完成的进度安排、服务的效益、群众的反馈、错误的发生率进行跟踪，从而为奖惩的确认和服务的可持续性提供依据。事后绩效评估是对全方位评估机制的完善，是结果导向管理模式中的重要内容。

在全民健身公共服务评估机制的实行过程中，评估设计、评估主体、评估观念、评估结果方面存在着一些执行困境，需要解决。全民健身公共服务置身的政策环境顶层设计相对较为匮乏，从相关体育、政府购买服务的法律和规定来看，由于起步较晚且发展历程较短，大多为经验的借鉴，而本土化的可操作性细则和地方性的行政法规较少，有些甚至产生公共政策的矛盾化。另外，学术研究在评估理论的深入和实践方面也存在不足，以致实施效果达不到理想化。在评估主体上，政府作为评估组织者和实施者，不仅在内部评估中享有绝对话语权，而且在对第三方评估的监察和审查力度上具有相当的影响力。政府对于财政资金的使用调度具有把控力，在资金划分和支付中对于评估程序的投入有限，因此第三方评估的精准和质量也受影响。对评估工作展开实际调研发现，对于公共服务的评估架构存在着自律标准和自治体系缺乏的问题，内部架构的失真和团队人员的单薄，使得第三方评估仍在摸索中前进，在具体工作中仍有依附性，容易造成实际评估主体不明确，社会和公众对其的信服度还有待提升。

在传统观念的影响下，政府对公共服务的内容提供和运营付出是侧重点，而公共服务使用者的意愿容易被忽视，供给和民众普遍需求存在信息错位和不对称现象，限制了公众对公共服务评估和进步付出努力和应尽责任的机会。并且对于第三方评估新形式的引入和评估机制的建立重视度还不够，进而在机制建设和评估模式转型上出现迟滞。全民健身公共服务的评估，要关注项目效率对全民健身的激励效益、对全民体质改善的健康效益、对群众体育热情的增长效益的表现，从布局实施和个体反馈等微细环节形成评估结果。同时，对于得出的评估结果，要进行进一步应用，指导项目和服务的进步，充分转化为可借鉴可持续的经验，发挥结果对服务发展的助推力作用。

因此，为促进评估机制的良性发展，要完善法律法规体系和地方性法规，用具有中国特色的实施意见和指导办法引领全民健身公共服务的评估实践。要明晰评估主体的独立性地位，促进政府职能和行政观念的改变，支持和鼓励第三方机构的成长和成熟，扩大对民众的普及，提高其理解度和信任度。要充分实现多元主体联合的责任发挥，政府对评估提供支持和保障，第三方组织坚持自治自律和公正公平，群众要提高全民健身公共服务参与热情和反馈表达。

要开放公众监督和反馈的渠道和通路，进行对全民健身公共服务项目建议的征集，以需定供，以需求侧，使社会公众的表达接轨全民健身公共服务的升级。要充实评估机制的内容和体系，引入金融、管理等相关专家意见，避免评估开展流于形式，而是真正有益于激励、向导、健康效益的发挥。要重视对评估结果的利用，增强评估结果的灵活性，融合评估的动态阶段性过程，促进评估结果的信息公开和资源分享，通过适宜的奖惩和披露机制，加强评估结果的导向作用，使得评估主体积累经验和教训，增强专业性、独立性、规范性。

（二）浙江省全民健身发展指数

2022 年 8 月，浙江省体育局发布《2020 年浙江省全民健身发展指数报告》（以下简称《报告》）。《报告》显示，浙江省全民健身发展指数得分为 80.69 分，总体发展状况较好。这也是浙江省首次面向社会发布全民健身发展指数，自此拉开了通过全民健身发展指数评估各地区全民健身发展状况的序幕，此后浙江省每年发布一次全民健身发展指数。这一指数报告有利于相关行政部门官员以及社会大众等各领域人群全面、及时地了解全省全民健身发展状况，系统掌握省人均体育场地面积、参加体育锻炼人数比例、城乡居民体质合格率等主要数据。此外，其作为浙江省全民健身发展评估制度的重要一环，不仅能够推动全省全民健身工作向高质量发展，而且对于高水平建设现代化体育强省，形成高水平的全民健身公共服务体系具有现实意义。

一方面，全民健身是调动全国人民积极参加以增进身心健康为主要目的的群众性体育健身活动。它是我国体育事业的重要组成部分，是关系民族繁荣昌盛、人民健康幸福的民生事业，是国家的一项重要任务。党的十八大以来，以习近平同志为核心的党中央高度重视、殷切关注人民群众的身体健康，将全民健身作为全面建成小康社会的重要内涵，上升到国家战略的新高度，以国家长远发展为基点，以民族伟大复兴为目标，吹响了建设健康中国的时代号角。全民健身运动的普及和参与国际体育合作的程度，也是一个国家现代化程度的重要标志。浙江省的全民健身工作取得显著成效，人民群众身体健康素质持续提高，基本建成具有浙江特色的覆盖城乡、比较健全的全民健身公共服务体系。在体育强省建设目标要求下，需要进一步推进全民健身事业，更加广泛地开展全民健身运动，构建更加完善、惠及全省人民的全民健身公共服务体系。

另一方面，2019 年是新中国成立 70 周年，也是实现全民健身"十三五"规划承上启下的关键一年。浙江省体育局深入贯彻落实全民健身和健康中国两大国家战略，以基本建成与体育强省相适应的全民健身公共服务体系为目标，面对新时代新形势新要求，从满足市民多元化的健身需求出发，以融合促发展，以科技创活力，在全民健身公共服务的均等化、标准化、融合化、智能化发展方面取得了新成果，市民的参与感、获得感与日俱增。为了进一步推动我省全民健身事业的发展，提升市民的生活质量乃至幸福度，浙江省开始开展全民健身发展状况评估工作。

浙江省全民健身发展评估工作采取第三方评估的方式，依托翔实的数据资料，从健身基础条件、健身参与程度和健身综合效果三方面，全景式展示浙江省全民健身发展状况，即由浙江师范大学体育与健康科学学院作为第三方承担浙江省全民健身发展状况的评估工作。浙江省全民健身发展指数报告，是对浙江省全民健身发展水平进行的一次全方位宏观测评。其一，它通过全民健身发展指数科学、准确、全面、客观地评估浙江省全民健身整体发展质量。其二，它运用指数评估结果直观反映全省各市、县（市、区）全民健身工作状况，形成浙江省 11 个市全民健身发展指数评估报告，并对全省各县（市、区）全民健身各个方面的发展情况进行排名。

浙江省全民健身发展指数的评估坚持"以人民为中心"的导向，切实以破解制约全民健身发展的关键问题为出发点，围绕和指向"人"的发展和"人"的满意度，科学设置指标体系。在浙江省全民健身发展指数评估指标体系设置过程中，总共邀请论证专家 40 名，涵盖了全国该领域的著名学者，国家体育总局有关负责人，浙江省统计局、体育局以及各市体育局相关负责人等。针对论证专家提出的意见，反复修改。经过多轮筛选和不断完善，形成最终的指标体系，包括全民健身基础条件、全民健身参与程度、全民健身综合效果 3 个一级指标，健身场地、健身组织、健身经费、健身活动、健身指导、智慧健身、健身知识、体质健康和居民满意 9 个二级指标，人均体育场地面积、每万人拥有健身步道公里数、每万人拥有登记的体育社会组织数、体育场地设施纳入省体育公共服务平台率、智慧化体育场馆数量比例和科学健身知识知晓度等 28 个三级指标，指标体系满分为 100 分。这一指标体系既选取了直接反映全民健身发展水平的内涵指标，又选取了促进全民健身发展的外延指标，对其所涉及的数据采集来源实行全面、深度的数据共享，即主要来源于"省全民健身发展状况调查数据库""省体育公共服务系统"，省卫健委、省教育厅相关数据库等政府权威数据库。以此减轻各地市体育部门数据重复报送负担，并尽量减少第三方数据采集，提升数据稳定性。

浙江省以全民健身发展指数评估的方式来引领与促进全省全民健身工作发展，构建更高水平的全民健身公共服务体系，每年发布一次，省级到市级相关行政部门根据评估报告反映出来的问题和不足，进行相应的改善，或者政策驱动，或者机制建设，或者资源倾斜，以弥补其中的短板，推进全民健身公共服务各要素的均衡发展。与此同时，承接评估工作的第三方——浙江师范大学体育与健康科学学院，既要紧随浙江省经济社会发展的步伐，也要切实关注全省各地方全民健身发展的实际情况，以及注重数据来源的多元性，不断优化和完善全民健身发展的评价指标体系，为浙江省全民健身事业的发展提供坚实的理论支撑。

四、全民健身公共服务的多元化激励机制

（一）多元化激励机制的内涵

在全民健身公共服务均等化目标的要求下，在公共服务多元供给主体协同机制的布局下，加大公共服务供给的主体参与力度，创

新科学合理的激励机制，催生通力合作的持久动力，提升公共服务的质量升级。全民健身公共服务的多元化激励机制，是指基于全民健身公共服务的基本态势，通过刺激引发协同者的参与行为，驱动多元主体供给的行为动力，串联全民健身公共服务供给的影响因素和供给主体的相互作用①，其中既受到各主体内在因素的支配，又受到外在政策、奖励等方式的推动。政府部门往往通过一系列的引导和激励举措，调动全民健身公共服务参与主体的积极性和创造性，使其更好地完成相应的工作任务，为全民健身事业尽职尽责，促使全民健身公共服务运行过程中，运行主体需求和运行目的趋于接近。

心理学家亚伯拉罕·马斯洛（Abraham H. Maslow）在《人类激励理论》中提出基本需求层次理论，各层次需求由低到高排序依次为生理需求、安全需求、社交需求、尊重需求和自我实现的需求。在循序渐进满足递进的需求过程中，基本生理机能到达必需程度，则更高层次的需要成为新的激励因素，对于责任胜任，他人尊重、信赖、认可，更高精神追求的内心需要，影响着人们的行为和活力驱动。同时，其实现途径、驱动力、需求程度差异也受到外部社会环境和客观因素的影响。心理学家赫茨伯格（Frederick Herzberg）在《工作与激励》一书中提到双因素理论，强调行为绩效受到保健和激励两类因素的影响。保健因素包括政策与管理、监督、工资条件、伙伴关系、工作条件，主要围绕工作主体内容以外的工作环境，对其的满足能够保持原有水平的实际效率，遏制消极和不满氛围的

---

① 张瑞林，王晓芳，王先亮. 我国全民健身公共服务体系动力机制建设 [J]. 上海体育学院学报，2013，37（1）：20.

滋生。而激励因素如工作满意度、成就感、责任感、挑战性、发展性等紧密围绕工作这一中心，其实现将大大满足和激励工作行为，促进绩效和效率提升。在服务型政府职能转变和社会化公共服务供给机制的转向过程中，供给主体多元的市场格局要求完善全民健身公共服务的管理和激励，因此亟待理念迁移和创新设想，进而为全民健身公共服务的效用提升提供动力。

从全民健身公共服务多元供给的完整运行系统来看，即政府、市场、组织、公众等众多利益相关者及其角色定位，考虑政府规范标准和政策立意、组织基层治理人员和队伍、全民健身场地器械和投资配置等关键要素，学者在实践摸索中提及了激励机制须着眼的关键因素和组成部分，包括政策执行的激励机制、全民健身人才队伍的激励机制、促进大型公共体育场馆服务全民健身的激励机制。① 从激励手段、激励制度、激励效果和评价的角度，提高对激励机制的认识、提升效果，因而在政策执行中须确认关键主体，强化执行流程监督管理；在人才队伍培养上完善指导和培训的科学体系，深化全民健身服务实施状况的评价和反馈；在大型公共体育场馆开放社会服务中，扩大全民健身公共服务的内容，增加对公益性体育场馆的优惠政策。② 从激励理论的相关要素出发，联系全民健身公共服务的现实状况，满足大众健身的需求，营造良好的公共服务供给环境，实质性改善公共服务供给效率，在显隐性激励手段和动力因素

① 宋平. 我国全民健身发展研究：第四届全民健身科学大会论文报告会综述 [J]. 体育成人教育学刊，2020，36（2）：73.
② 朱亚成，朱亚奇，侯光定，等. 第四届全民健身科学大会综述 [J]. 浙江体育科学，2019，41（5）：31.

上，也要依靠政策、管理、宣传、运作等创新方式，推动激励机制体系的完善和全民健身公共服务的可持续发展。

从政府主体出发，其政策激励制度和管理模式直接关系着社会组织、社会群众、市场主体的利益和内驱力。政府制定的公共政策，对多元主体的认可度、扶持力度具有关键的影响作用，关系着全民健身公共服务的供给活力。公共政策中对于优惠、鼓励、扶持政策的描述量，可操作化的本地化实施办法等直接影响激励的实效[1]，公共政策对于经济性激励手段的政策描述直接影响激励的执行。财政预算投入关系着公共服务规模和内容的施展，而公共拨款对于全民健身的经费支出比例十分有限，削弱和降低了主体积极性和长效性。金融政策、财政政策、税收政策中的经济利益补偿与奖励，弹性报酬支付，免征或少征税种，降低税率，低息或无息贷款扶持，免收或少收土地出让金，能源收费价格优惠等指向[2]，促进了健身场所的公益性开发和市场主体服务质量提升，以经济利益和优惠为导引迈入公共服务领域的竞争。此外，为拓宽全民健身公共服务的融资渠道和通路，管理模式上的管办分离，权限划分的配套操作，也能对财政和社会捐赠等渠道资金的募集、分配、监督提供客观公正的考量。"一臂间隔"原则下的制衡管理模式，通过设定中立的专家和非政府组织，为公共服务资金的流向和对象选定提出合理建议，有效

---

① 张瑞林，王晓芳，王先亮. 我国全民健身公共服务体系动力机制建设 [J]. 上海体育学院学报，2013，37（1）：20.

② 王志文，张瑞林，沈克印. 激励约束：政府购买公共体育服务中体育社会组织道德风险的应对 [J]. 沈阳体育学院学报，2021，40（3）：62.

防止权力寻租、偏见、腐败和民意缺失①，廉洁、合理、民主的调度模式和文化氛围也不失为公共服务多元主体的激励要素。

在经济性优惠和合理性分配的基础上，政府进一步对融资进行引导，从而在全民健身领域的重要方向鼓励繁荣发展。全民健身公共服务面临的最基本问题是健身场地设施不足，在地方性政策的保障下对建设规模、设施类型、辐射人口的统筹及与城市规划相得益彰，政府融资的方向可以通过财政的主体投入并行社会投资引入进而反哺财政，亦可通过优惠政策托付市场化机制吸引社会力量融资进而实现公益性和经济性双赢。从市场主体出发，对其认可与认同度、伙伴关系的确立、长久合作的稳定性是关键的激励因素。通过对社会组织的登记准入、业务监管流程的简化和门槛降低，对其公信力进行积极评判、承诺持久性合作伙伴关系、合同支持性服务的隐性激励，从而授予组织合法化认证，纳入购买服务的市场化考评机制。由于此组织承接和供给全民健身公共服务的积极性得到鼓舞，履约度好、诚信度高、责任心强、口碑优良的优秀组织实体不仅受到政府合作的持续偏向，酌情考虑其免公开招标继续运营、经济性优惠等支持②，而且在信息公开和社会监督中通过奖惩和竞争，激励各社会力量供给者的高质量走向，从而形成良性互动。

从群众主体出发，在市场机制下，以大众的健身需求和更高层

---

① 张瑞林，王晓芳，王先亮．全民健身公共服务"一臂间隔"运作模式研究［J］．沈阳体育学院学报，2013，32（1）：8．

② 张佃波．社会力量参与全民健身公共服务供给：现实审视与实践路径［J］．体育文化导刊，2022（2）：8．

次的精神生活追求为激励因素，一方面，要完善信息服务系统升级，通过对设施场馆开放信息、志愿服务招募信息等公共讯息的呈现和整合形成传播和媒介引导，在营销宣传下对全民健身公共服务的范围、速度和效果形成激励；另一方面，要制定健身指导员志愿鼓励的政策和管理制度，汇集具有奉献精神和专业才干的社会公众成为多元主体的重要组成，同时也可以通过凭单消费制等市场运作形式给予公共服务消费者经济上的优惠，通过发放优惠券的形式提供补助，不仅激发供给者的竞争，而且赋予全民健身公共服务消费者选择权利，鼓励其在公共服务中使用。

（二）省域层面的多元化激励机制

全民健身是人民幸福生活的重要基础，全民健身运动的普及程度是衡量一个国家现代化程度的重要标志。近年来，浙江省始终坚持"以人民为中心"的发展思想，通过多策并举全面推进全民健身事业蓬勃开展，夯实了参与全民健身运动的群众基础。在大力发展全民健身事业过程中，浙江省为了激发地方政府能够在全民健身事业中投入更多的时间和精力，以及个体乃至家庭能够持续地参与到全民健身活动中，通过建立多元化的激励机制，包含了物质奖励、荣誉奖励、成就奖励、竞争奖励和目标奖励等多种奖励方式，以充分调动他们的积极性，并让他们能够较长时间地保持这一投入性和参与性。

2019 年 6 月，浙江省开始在全省开展省级体育现代化县（市、区）创建工作，采取先申报审核再考核验收最后表彰奖励的方式，即创建工作三年为一个周期，采取县（市、区）申报，设区市审核，省考核验收和表彰奖励的程序进行。《浙江省体育现代化县（市、区）创建考核指标（2019—2021年）》显示，申请创建的县（市、区）得分在 90 分以上为达到创建标准，并按得分高低上报省政府予以命名表彰，被命名为"浙江省体育现代化县（市、区）"的单位给予一次性奖励 50 万元。2022 年 4 月 6 日，经浙江省政府同意，全省有 17 个县（市、区）成为首批浙江省体育现代化县（市、区）。2022 年 7 月，浙江省体育局又公布了 2022—2024 年浙江省体育现代化县（市、区）创建单位名单，这一批全省共有 24 个单位入选。《浙江省体育现代化县（市、区）创建考核指标（2022—2024年）》显示，经考核验收后，按得分高低上报省政府予以命名表彰，总数不超过 20 个，被命名为"浙江省体育现代化县（市、区）"的单位给予一次性奖励 100 万元。与 2019—2021 年度相比，2022—2024 年度的奖励在金额上翻了一番，但同时也对名额进行了限制。该项工作以高规格命名为重要抓手，并配以现金奖励，使得各县（市、区）更加重视体育工作，加大体育投入力度，也不断完善健身场馆布局，营造浓厚的体育参与氛围。

此外，2022 年 7 月，浙江省体育局印发《浙江省赛事之城和赛事集聚县认定办法》，其中第十一条明确提出，被命名为"浙江省赛事之城"的城市，给予一次性奖励 100 万元，被命名为"浙江省赛事集聚县"的县（市、区），给予一次性奖励 50 万元。该项工作由省体育局牵头，对已经认定为省级赛事之城、赛事集聚县的地区进行日常监管，每四年进行复核。评估指标共包括六方面，而大众参与是其一，主要是指民众参与在该城市举办和承办体育赛事的广度和深度，包括公共体育服务水平、社会体育组织的数量和质量、经常参加体育锻炼的人数、人均体育场地面积、国民体质健康合格率等。这一举措主要是通过发放奖金的方式，促进体育赛事赋能城市，一方面推动当地经济、社会、文化和环境的融合发展，一方面带动该地区全民健身公共服务体系的建设。再者，2022 年 6 月，浙江省消费专班办公室发布《关于培育和发展体育消费的实施意见》，其中明确指出，鼓励各地发放消费券，全省体育类消费券发放总金额不少于 5000 万元。这些体育消费券将直接发放到市民个人的有关账号中，由市民自主选择进行消费的体育场馆（这类体育场馆一般由体育行政部门按照准入要求进行招募，然后形成体育消费券使用名单，再向广大市民公布）。该项举措采取全民健身公共服务凭单制的方式，激励市民积极参与体育健身，并在此基础上挖掘市民体育消费潜力，扩大市民体育消费需求，夯实市民体育消费基础。

浙江省多样化的激励手段，既调动了地方政府积极参与到全民健身事业中，为高质量全民健身公共服务体系的建设贡献地方力量和地方智慧，使得基层居民体育文化环境得到进一步优化，各县（市、区）之间形成了一种良性的竞争格局；也点燃了全民参与运动的热情，人们主动地参与全民健身的各类赛事活动中，在全省范围内形成了崇尚健身、参与健身、追求健康文明生活方式的良好风气。

（三）市域层面的多元化激励机制

2020 年 8 月 6 日上午，"金华运动银行"服务平台启动仪式新闻发布会隆重举行，标志着金华市开启了体育场馆智能化、数字化管理的篇章。金华运动银行是金华市首先启动建设、理念领先全国的首家运动银行，是金华市体育局着力打造的一个体育消费和全民健身的"新金华模式"，旨在提升市民运动频率和质量的同时，盘活体育消费及衍生消费。[1] 2020 年 10 月 1 日，"金华运动银行"支付宝小程序上线，市民只要打开手机，进入支付宝小程序就可查看本地赛事场馆，找到附近场馆，像网购电影票一样简单，只要选中需要的场次，确认订单并支付即可。市民通过健身运动能够获得相应的"运动卡币"和消费权益，这些"运动卡币"积累下来之后就可以在卡币商城换取运动装备、视频课程、健康年卡等各类实惠好货。[2] 宁波打造了操作便捷的"浙里炼"平台应用，并且改变原来每周 2 天按时免费开放的传统做法，依托该平台以数字化券码分发到人的方式，向全市居民发放体育消费包、免费体验券、健身抵扣券等优惠，让更多人享受到公共健身福利。从 2021 年开始，截至 2022 年 6 月 8 日，宁波市发放各类体育消费券共计 1170 万元。[3] 疫情防控期间，绍兴市更是推出了"绍兴体育"APP（Application），鼓励市民坚持居家运动。在该 APP 上，市民可以自由选择每日运动计划，坚持规律运动生活，而运动产生的卡路里，可以兑换成积分，可以在运动商城兑换礼品。借助数字化、智能化手段展开的激励举

---

[1] "金华运动银行"服务平台正式启动［EB/OL］. 浙江省体育局官网，2020-08-19.
[2] 构建"全民健身+体育消费"新生态圈"金华运动银行"服务平台启动［EB/OL］. 浙江日报百家号，2020-08-11.
[3] 成立衡. 宁波市：加快智慧体育场馆建设推动全民健康［EB/OL］. 健康中国观察网，2022-06-28.

措，在浙江省各地市随处可见。

图9 绍兴体育 APP 上的卡路里运动银行兑换情况

图片来源：绍兴体育邀您"健康宅"丨 居家战疫情，运动不停歇，积分赢好礼！［EB/OL］. 搜狐网，2021-12-12.

此外，在《关于培育和发展体育消费的实施意见》政策的驱动下，2022 年 7 月 27 日，杭州市体育局印发《2022 年迎亚运全民健身大礼包（体育消费券）发放工作方案》，拟滚动发放体育消费券，时间初步安排在 7—10 月，总金额共 300 万元；体育消费券面额拟分四类：5 元（满 10 元可用），10 元（满 20 元可用），20 元（满 40 元可用），40 元（满 80 元可用）。8 月 3 日，浙江省绍兴市发布《迎亚运·越运动绍兴体育消费券发放方案》，宣布 8 月 8 日—10 月 16 日期间发放价值 3000 万元的体育消费券，14 天一轮，分 5 轮发放，每轮发放 60,000 个券包，每轮发放 600 万元；消费券以券包形式发放，券包总价值 100 元，含满 150 元减 50 元、满 90 元减 30 元、满

60 元减 20 元三张消费券，每笔订单限使用 1 张消费券。8 月 25 日，衢州市体育局决定在市本级发放 2022 年衢州市体育消费券，第一期活动开展时间为 8 月 25 日—9 月 5 日，抢完即止，若活动届满后资金仍有剩余，则由衢州市体育局根据实际情况安排第二期发放。衢州市体育消费券分为三种，分别为 25 元券（每满 100 元可抵用 1 张）、20 元券（满 50 元可抵用 1 张）、5 元券（满 20 元可抵用 1 张），消费券达到使用门槛才可核销。

　　为了进一步推动全民健身，培养市民的运动健身习惯，浙江省各地市也纷纷设置多样化激励手段，有的地市还与"健康智慧型城市"的理论构想相结合，通过打好激励政策组合拳的方式，全面调动当地居民参与体育的积极性。也就是说，市民只要进行日常锻炼，就可以享受运动健身带来的各种红利。

第四章　全民健身迈向全民健康的运行模式

一、体育现代化县（市、区）创建的均等化模式

（一）创建体育现代化县（市、区）的实施背景

2004 年，中共浙江省委、浙江省人民政府《关于进一步加强体育工作加快体育事业发展的决定》中指出，继续开展体育强县、强镇（乡）、先进社区创建和"体育下乡""体育进社区"等活动，推广体育特色乡镇、体育特色村等做法和经验，努力促进基层特别是农村体育活动的蓬勃开展。这是农民得实惠的有效途径，是改善干群关系、树立政府威信的有效手段，是积极推进体育强省建设的现实基础，也是积极推进以农村体育为重点的全民健身工作。于是从 2005 年开始，浙江在全国首创性地以争创"体育强县""体育强镇"的方式，推动当地体育事业的整体发展。经过十几年的坚持和努力，2017 年 12 月 22 日，随着体育创强检查验收小组完成对湖州南浔区

的创强工作检查，浙江完成了全省90个县（市、区）的体育创强工作。为了进一步高水平地建设现代化体育强省，2019年，浙江省全面启动省级体育现代化县（市、区）创建工作，它是经国务院审批并由浙江省人民政府命名的高规格体育领域唯一的创建表彰项目，即"体育创强"2.0版。但是体育现代化县（市、区）创建并非"体育强县（市、区）"的简单升级，而是具有更高的标准、更硬的内核、更宽的外延，旨在大幅提升体育场地设施、体育社会组织、体育赛事活动、科学健身指导、体育管理机制体制等各方面体育事业的发展水平。

浙江省体育现代化县（市、区）创建工作以3年为一个周期，设置了必备指标和考核指标两类。其中，必备指标包括健康浙江考核体育工作、体育现代化乡镇（街道）达标率、建成大中型公共体育场馆（体育中心）、"四提升四覆盖"全民健身工程、清廉体育建设5项。考核指标包括政策保障体系完善、体育公共服务健全、体育健身指导科学、场地设施供给充足、体育组织城乡覆盖、赛事活动开展广泛、后备人才建设增强、产业规模不断提升8项。3年内，县（市、区）经专家评估，符合5项必备指标并且考核指标得分在90分以上即可验收通过。2021年年底，浙江省通过技术评估、考核验收，最终有17个单位满足体育现代化县（市、区）的标准①，即首批体育现代化县（市、区）创建成功并获得省政府命名。这17个体育现代化县（市、区）已实现大中型公共体育"一场两馆"全覆

---

① 浙江迎来首批体育现代化县（市、区）[EB/OL].浙江省体育局官网，2022-04-10.

盖，其人均体育场地面积达到 2.65 平方米，超过全省平均水平，且基本建成中心城区"10 分钟健身圈"，并高质量实现了农村体育场地设施全覆盖，建立和完善了县（市、区）、镇（街道）、村（社区）三级群众体育赛事活动网络体系，实现了形式多样的百姓身边的赛事活动常态化、生活化。① 2022 年 7 月，有 24 个单位开展2022—2024 年浙江省体育现代化县（市、区）创建工作。

（二）宁波奉化区改造桥下闲置空间

为了解决人民群众"健身去哪儿"的难题，宁波市通过政企合作，将城市空置场所、废弃厂房、建筑屋顶、地下空间、公路高架桥梁下的闲置土地等"金角银边"区域进行合理利用，开拓全民健身渠道，打造运动健身新空间，满足了人民群众对于身边体育健身场所的需求。截至 2020 年 8 月 6 日，宁波市已有 20 余个由桥下闲置空间改造成的体育场馆，一定程度上解决了市区体育场馆辐射的"盲区"问题。② 宁波市奉化区作为首批浙江省体育现代化区之一，其紧紧围绕满足人民群众体育需求，将体育事业纳入"共同富裕""全域旅游""全域美丽"等中心工作，体育服务体系不断完善，场地设施建设步伐加快，人均体育场地面积达 3.96 平方米，先后获评全国群众体育先进单位、省体育场地建设突出贡献奖等荣誉。③ 而合

---

① 从"强县"到"现代化县"的跨越，逐梦浙江现代化体育强省 ｜ 竞跑浙五年 [EB/OL]. 浙江省体育局官网，2022-05-26.
② 好去处！宁波高架桥下"变"出 20 多个体育场馆 [EB/OL]. 澎湃政务网，2020-08-06.
③ 首批浙江省体育现代化县（市、区）名单出炉 奉化入选 [EB/OL]. 宁波市奉化区人民政府门户网站，2022-04-05.

理利用桥下闲置空间打造体育公园则是其推进全民健身工作的一大
亮点，即奉化区莼湖镇马夹岙村铁路桥下空间被改造成了集娱乐、
休闲、健身、运动于一身的体育休闲公园，不仅有绿草茵茵供周边
居民散步休闲的园间小路，更有连片的各种球场，以及放置儿童活
动设施和体育锻炼器械的大型体育休闲区域。马夹岙村休闲体育公
园是宁波市首个村级体育主题公园，其开放后，每到周末，有上百
人到这里进行各项休闲活动，不仅获得了当地村民的点赞，也给
"三改一拆"桥下空间利用树立了典范。

　　在改造之前，高铁从村中穿过，高铁桥下空间用栅栏围起，里
面渣土成堆、垃圾遍地、杂草丛生，给人以"脏乱差"的印象。
2015 年，村里和铁路部门衔接，最终双方约定，铁路部门将这片
3000 多平方米的桥下空间无偿给村里使用，由村里负责管理维护和
环境美化，一半场地用来安装体育设施，一半场地用来作为休闲
区。① 达成协议后，该村进一步巧妙利用依山傍水的地理优势，首先
对村里的锦溪河开展整治，整合周边资源，把原有的登山步道纳入
体育休闲场地建设当中，并通过绿化加以点缀，就这样逐步将单纯
的体育场地打造成集河道绿化健身于一身的体育休闲公园。然而，
由于村集体的经济非常薄弱，于是村里积极向区级部门、莼湖镇等
筹集资金，经过 2 年多的努力筹划，周密实施，该公园于 2017 年 4
月正式完工投入使用。其中公园里的 2 套体育设施，则是马夹岙村
通过积极与体育局对接，由体育局支持建设的。据了解，下一步，

---

① 奉化一小山村火了 巧用桥下空间打造休闲公园 [EB/OL]. 浙江舆情网，2018-08-08.

马夹岙村计划把另两段没有开发的桥下空间进行清理、利用，建造一个拆装式游泳池，以丰富体育场地设施资源，满足更多居民的健身需求。

图10　方下店村体育运动空间（作者拍摄）

奉化区莼湖镇马夹岙村高架桥下方闲置空地经过这么一改造，不仅解决了雨天铁路上积水从高处滴下影响行人的难题，而且也保障了铁路旁边环境整洁和桥下空间的管理维护，同时还为村里1000多人提供了体育健身和休闲娱乐的场所，如公园里有依溪而建的健身路径，有百姓大舞台、棋盘石，有羽毛球场、乒乓球桌、篮球场、排球场，还有儿童乐园，极大地丰富了村民们的业余生活。也正是通过对桥下空间的合理开发利用，并加强与周边用地空间的联系对接，奉化区莼湖镇马夹岙村将桥下空间建设成为系统化的公共空间资源,形成桥下、桥边空间功能协调一体。奉化区莼湖镇马夹岙村这种对桥下空间充分且高效保护利用的举措,不仅改善了桥下空间的环境质量,而且满足了广大人民群众的户外休闲健身需求,使得全民健身场地设施建设日臻完善,促进该区全民健身公共服务的整体水平更上一个台阶。截至 2022 年 4 月 7 日,奉化区共建设有体育场地 1965 个,总面积达到 229 万平方米,人均面积则达到 3.96 平方米,居宁波市第一、浙江省前列。① 奉化区能取得这一成就无疑得力于其巧妙地把"金角银边"这样的村中闲置空间见缝插针地用了起来,不仅调整了城区与村里全民健身公共服务场地设施分布的不均衡,而且整体上扩大了全区居民的人均体育公共场地面积。

坚持为民、便民、惠民的原则,通过多渠道的路径切实提高全民健身设施的覆盖率,着重补短板,打通全民健身公共服务的"最后一公里",为群众健身提供更加便捷的服务,是解决群众"健身去哪儿"问题的关键环节,也是寻求全民健身公共服务突破口的重要举措。宁波市奉贤区借助浙江省创建体育现代化县(市、区)的契机,因地制宜,不断完善群众身边的健身设施,就近挖掘各类可利用的空间资源,即通过对桥下闲置空间的规划改造,打造便利的运动健身新空间,补齐全民健身设施短板,为周边居民提供便利的健身场所,并依托该场地开展各式各样的体育活动,从而提高了全民健身公共服务的均等化水平,使得人人享有体育权利得以实现。

---

① 宁波奉化以人为本 激发全民健身热潮 [EB/OL]. 宁波市体育局官网,2022-04-07.

（三）台州温岭市利用"金角银边"区域

温岭市开展全民健身工作的目标是"构建处处可健身的高品质运动空间，倡导天天想健身的现代生活方式，培育'人人会健身'的高水平健康素养"①。于是从 2013 年开始，温岭市就陆续出台了《温岭市城乡公共体育设施提升工程实施办法》《温岭市"拆后利用"建设全民文体设施实施办法》和《温岭市全民健身苑提档升级工程实施意见》，以深化城乡公共体育设施建设，优化升级全民健身公共服务，从而补齐全民健身场地设施短板和提高全民健身场地设施质量。经过多年的坚持和努力，温岭市全民健身的各项工作均取得了明显的成效，并在 2019 年浙江省在全省开展省级体育现代化县（市、区）创建工作之际，成功入选首批创建名单。三年创建期结束后，温岭市在 2022 年 1 月创建工作考核验收中，顺利通过了省专家团队的技术评估和考核验收，最后正式获得省"体育现代化市"的命名。

温岭市自 2019 年创建体育现代化县（市、区）以来，积极推进"四提升四覆盖"全民健身工程实施，不断加强全市范围内各类体育公共设施建设，大力促进全民健身和全民健康融合发展，来健全全民健身公共服务体系。此外，温岭市大力实施体育惠民工程，将城乡公共体育设施提升、公共体育设施维护更新、建设文体设施等工作纳入政府为民办实事项目强力推进，真正让群众得到实惠。截至

---

① 温岭：让现代化体育梦想照进现实 [EB/OL].浙江在线，2022-02-11.

2021 年 12 月底，温岭拥有各类体育设施场地近 5000 个，人均体育场地面积达到 2.54 平方米，城区"10 分钟体育健身圈"基本形成。① 然而，温岭市人多地少，土地资源较为紧缺，于是在这一创建过程中，其因地制宜，用尽城镇中的"金角银边"区域，最后共建设了 298 个嵌入式体育健身设施，推进建设微型便民体育公园 12 个，建成百姓健身房 26 个，多功能运动场 29 个，镇级全民健身中心 5 个，村级全民健身广场（公园）65 个、五人制足球场 11 个、小康村升级工程 68 个，健身苑提档升级 57 个，健身步道 21 条、篮球场 4 个。② 而为了进一步满足群众的健身需求，2022 年 5—6 月期间，温岭市体育事业发展中心重新制定《温岭市基层体育场地设施建设实施办法》（以下简称《办法》），其对之前 3 个办法中的不足之处进行了完善，并结合当前温岭市的经济社会发展水平增加了新内容，完善《办法》不仅有助于提高基层申报和建设体育场地设施的积极性，而且也有利于打破资金、场地等方面在政策上的壁垒。

就拿泽国镇新渎山体育公园来说，2000 年之前，其所在的地方还是一座矿山，后来由于诸多因素，矿山废弃了，周边居民就将日常生活中的各类垃圾扔到这里，把它当成了天然的垃圾场，久而久之垃圾堆积成山，异味熏天。在新一轮的小城镇建设过程中，这片废弃的矿山得以整治，被改成一个公园，即新渎山公园。在改造过

---

① 郑瑶带队赴温岭开展体育现代化创建考核验收和"助企开门红"活动：争创县域"现代化"，推动浙江体育事业高质量发展［EB/OL］. 浙江省体育局官网，2022-01-13.

② 潘国志. 共建共治共享 助场地迭代升级 建设高品质运动空间 打造体育现代化标杆市［N］. 温岭日报，2022-01-01（3）.

程中，保留了因岩矿开采而开裂的山头上自然而然生长的植被，然后根据独特的山体风貌进行设计，配上了假山奇石和潺潺流水，反而成了新澺山公园这一道亮丽的风景线。但是，它仅仅是一个公园，功能较为单一，无法满足周边居民健身休闲的需求。就此，温岭市利用现代化县（市、区）创建的契机，并围绕市委、市政府的中心工作，在新澺山公园现有基础上进行再升维，建成了新澺山体育公园，里面不仅有长达 3 公里的室外健身路径，还有 2 个焕然一新的标准篮球场和 1 个崭新的室外网球场，以及 1 个七人制足球场，从而解决了周边喜欢球类运动的居民愁打球场地的问题。经过这样一番改造升级，即通过各类体育场地设施的嵌入，一下子让原本较为沉闷的公园充满了活力，成为周边居民健身、休闲的好去处。类似的综合型体育公园，还有五龙山体育公园，其不仅有丰富的体育运动场地（如 3 块平行展开的标准篮球场和 3 片绿草如茵的足球场等），而且有供儿童专门活动的场地和设施（如秋千、地面滑梯、地道等），为家庭体育的开展提供了良好的环境。

除了将单一功能的大型公园改造成多功能的综合型体育公园外，温岭市还巧用边角地打造能够提供健身场所的小型公园，即口袋公园，如万昌中路与曙光路交叉口的口袋公园，在这不远处，夹在三幢建筑中间的边角地块上就有一个标准篮球场，极大地丰富了公园的属性。这样的口袋公园，在温岭市有十几个，各个口袋公园的主题虽然不同，但承载的功能却异曲同工，即让市民在家门口就能有一个健身的好场所。温岭市在城区和基层全民健身设施短板的补足上，借势造势、借力用力，并通过腾退空间、场地升级，从而实现变废为宝，在破局的同时，有效地提高了土地的利用效率。这些分布在各城镇角落的大大小小、丰富多样的全民健身场地设施，基本上就在市民的家门口，实现了地理位置上的便捷性，提升了周边居民参与体育活动的幸福感。

二、体育进农村文化礼堂加强基层全民健身公共服务的模式

（一）体育进农村文化礼堂实施背景

农村文化礼堂作为广大农民群众的精神家园和文化乐园，是浙江省推进文化浙江、社会主义新农村建设，加强和改进基层工作的一项创新举措。2013 年起，浙江省就开始全面启动和部署农村文化礼堂的建设，以满足农民群众举办文化节庆、文化仪式、文体活动以及村民议事集会等功能需求。如今，农村文化礼堂是浙江村民最愿意去的地方，也是乡村笑声最多的地方。然而，在大力实施乡村振兴战略的当下，体育在助力乡村振兴、建设美丽浙江上所发挥的作用越发明显，全省广泛开展建设的农村文化礼堂，成为活跃于乡村中"体育惠民"的新载体和新平台。就此，浙江省体育系统与各有关部门共同携手，于 2019 年 10 月 25 日在嘉兴海宁市盐官镇桃园村文化礼堂举行体育进文化礼堂启动仪式，此举既是文化礼堂建设的新实践，也是与文化强省、体育强省建设的结合。截至 2019 年 9

月 11 日，浙江省已建成农村文化礼堂 1.28 万余家①，在农村文化礼堂的数量如雨后春笋般不断增长的这六年中，全省体育系统以小康体育村升级工程为抓手，加大对农村文化礼堂体育设施建设的投入力度，将羽毛球、乒乓球、棋牌、篮球等体育健身项目布局到文化礼堂内；同时，全省以送体育服务下乡为载体，开展了送体育器材、体育培训、体育表演等下基层进农村文化礼堂活动，尤其是优秀运动队与基层群众的互动交流，进一步增强了农村文化礼堂内涵②，使得农村文化礼堂的功能更为完备，从单一的文化活动载体，转变为融体育休闲、全民健身、艺术表演为一体的综合服务"阵地"。

2020 年 6 月 8 日，浙江省正式发布《浙江省体育进农村文化礼堂三年行动计划（2020—2022 年）》，其目标就是以体育进农村文化礼堂为抓手，着力加强农村健身场所建设，着力丰富农村文化礼堂群众性体育活动，补齐省农村体育公共服务短板，高水平推进农村文化礼堂"建管用育"一体化建设。就此全省各地均推出富有当地创意及特色的"文化礼堂+体育"模式，当地农村文化礼堂也就成了其发挥地域传统体育特色的聚集地。2021 年，浙江省"体育进农村文化礼堂"服务项目列入 2021 年全国文化科技卫生"三下乡"活动示范项目名单，充分显示了承载农村全民健身公共服务的农村文化礼堂，不仅仅是一个丰富农民业余文体生活的重要场所，更是一个集中展示乡村文明与基层治理的标志性场所。这一模式，不仅

①　筑起农民的精神家园　浙江农村文化礼堂有独特魅力［EB/OL］. 杭州网，2019-09-11.

②　让文化礼堂"动起来"浙江省体育进农村文化礼堂活动启动［EB/OL］. 浙江省体育局官网，2019-10-25.

能补齐全民健身发展中场地设施的短板，还能解决社会体育指导员上岗率较低的问题，同时也提高了农民群众的科学健身水平。

（二）杭州市发挥农村文化礼堂主阵地作用

2012 年年底，杭州市临安区板桥镇上田村建起浙江省首家文化礼堂。2013 年 3 月，浙江省农村文化礼堂建设工作现场会在上田村召开，决定全面推进文化礼堂建设工作。就此，杭州市农村文化礼堂的建设拉开了序幕，截止到 2020 年 8 月 30 日，杭州市农村文化礼堂基本实现 500 人以上规模行政村全覆盖[①]，其也成了农村的标志性建筑。杭州的农村文化礼堂建设以精神家园为主题，集思想道德建设、文体娱乐活动、知识技能普及于一身，目标是建立以县（市）重点文化设施、乡镇综合文化站和农村文化礼堂为主阵地的农村新型公共文化服务三级体系。[②] 故杭州市农村文化礼堂是传承、提升乡村文明，助力乡村振兴的重要载体，也是践行、培育、展示社会主义核心价值观的重要舞台，还是掀起乡村群众性体育文化活动热潮、引导农民群众不断参与丰富多样体育赛事的重要阵地，满足了群众越来越多样化的精神需求。而在农村文化礼堂举办运动会，即农村文化礼堂运动会也已经成了杭州市倡导全民健身的"金名片"和展示杭州乡村精神文明建设的生动实践。为了持续推动体育资源要素向乡村流动，全面服务乡村振兴战略和健康杭州建设，为基层

---

① 数据来源：杭州市文化改革发展"十四五"规划 [EB/OL]. 杭州市人民政府门户网站，2021-10-14.
② 陈建胜. 农村社区文化营造何以可能与何以可为：以杭州农村文化礼堂建设为例 [J]. 山东社会科学，2015（9）：76.

群众品质生活加码，助力乡村振兴，助力高质量、高水平健康杭州的建设，2020年9月16日，杭州市委宣传部、杭州市体育局共同发布《杭州市体育进农村文化礼堂三年行动计划（2020—2022年）》。

杭州市在全面服务乡村振兴战略和健康浙江建设，深入贯彻全民健身国家战略的过程中，充分发挥农村文化礼堂的阵地作用，即将全民健身活动与文化礼堂相结合，不断扩大农村全民健身公共服务的供给规模，展示杭州市农村文化礼堂建设新成果的同时也呈现了农村全民健身发展的新成就。杭州市以农村文化礼堂为载体，主要送的是体育设施、体育社会组织、体育赛事活动和科学健身指导，其中科学健身指导既包括体育和卫生领域的专家讲座，也包括社会体育指导员的健身技能指导，通过"线上+线下"结合的方式，打破了科学健身指导在时空上的局限性，同时也让优质的全民健身公共服务资源下沉至基层，让农村的村民足不出户就能享受到优质的健身指导服务。如2022年，杭州市以"全民健身 相约杭州"为主题在全市范围内举办文化礼堂运动会，不仅设置了五人制足球、三人制篮球、太极拳、广场舞、排舞、乒乓球、单人跳绳、广播体操、羽毛球等传统比赛项目，而且还安排了袋鼠接力跳、气拔山河、精准比拼、花样乒乓、"绳"彩飞扬、一运到底、40秒跳箱、幸福接力、30秒负重深蹲等趣味比赛项目，在各区县（市）的文化礼堂、文体中心等场所展开。杭州市农村文化礼堂运动会通过趣味与竞技并存、传统与现代并行的方式，全方位丰富市民群众的精神文化生活。这次运动会是杭州市推动文化体育与美丽农村建设相融合、全民健身与健康相融合的有益尝试，它以农村文化礼堂这一农村标志性文化活动场所为载体，创新运动会形式和内容，集农耕、趣味、健身于一身，从礼堂到农田，充分展现了农村体育的地方特色。

其中，余杭区在 2019 年将 10 个体育小康村升级工程全部建在农村文化礼堂，2020 年，该区的 9 个体育小康村升级工程和 6 个"百姓健身房"也都选址农村文化礼堂。此外，也是在同一年，余杭区将农村文化礼堂建设纳入区政府民生实事项目统筹推进，区委宣传部（区文礼办）克服疫情影响，通过下村指导、强化资金保障、严格落实督查考核制度，保障在建的项目全部于年前完工。余杭区全区 173 个村，截止到 2021 年 2 月 2 日，已经建成农村文化礼堂162 个，除了全征全迁村外实现全覆盖，累计创建四星级及以上文化礼堂 28 个（包含了五星级文化礼堂 9 个），高星级礼堂覆盖率居全市前列。① 高质量的农村文化礼堂为余杭区基层全民健身活动的开展提供了硬件支撑，就此，余杭区不仅举办"村运会"，而且组织各类体育活动，并鼓励村民积极参与，丰富农民群众的体育生活，提高农民群众健康水平。该区的桦树村文化礼堂，在外设置了露天大舞台、文化长廊、文化广场，在内设有"一堂一馆和 N 室"，而 N室中就有一个乒乓球室，像这样专门设有体育项目活动场地的农村文化礼堂在余杭区并不少见。

杭州市聚焦"人民日益增长的美好生活需要"，不断整合农村场地资源，以体育进农村文化礼堂为抓手，着力加强农村全民健身场地设施建设，着力丰富以农村文化礼堂为依托的群众性体育活动，

---

① 我区农村文化礼堂实现全覆盖：丰富文化生活 打造精神家园［EB/OL］. 杭州市余杭区人民政府网，2021-02-02.

着力提升农村科学健身指导水平，补齐杭州市农村全民健身公共服务的短板，进而为村民们创造了更好的体育健身条件和体育文化生活氛围。就此，杭州市农村全民健身走出了一条富有特色的发展之路，并进入了提质增效的新阶段。在这一过程中，农村文化礼堂不仅承担了农村体育文化展示、传承的功能，而且提供了开展全民健身所依赖的场地空间，推进了农村全民健身公共服务的供给侧改革。

（三）海宁市推动农村文化礼堂长效管理运行

2013年，海宁市开始布局农村文化礼堂的建设工作，通过"建、管、用、育"组合拳，全方位整合资源，推进各类资源共建共享，力争把文化礼堂打造成农村的文化地标，截至2020年12月31日，累计建成农村文化礼堂147个。① 海宁市在其农村文化礼堂建设方面更是别出心裁，即没有按照千篇一律的模式去打造，而是充分利用每个村庄自身的自然资源禀赋，不断挖掘其内涵，突出地方文化特色，并赋予其形式多样、内容丰富的文体活动，日益强化文化礼堂的功能性和娱乐性，在满足农村群众文化生活需求的同时提升他们的健康水平。2017年11月，浙江省印发《浙江省农村文化礼堂星级管理办法》，提高农村文化礼堂的建设质量和管理水平，发挥使用效能，推动农村文化礼堂常态化运行、可持续发展。2018年至2021年，海宁市分别有4家、4家、5家、5家农村文化礼堂进入省五星级农村文化礼堂名单，这不仅是海宁市高度重视文化礼堂建设，

① 海宁市文化事业和旅游业"十四五"规划（2021—2025年）[EB/OL]. 海宁市人民政府网，2021-08-03.

着力增强融合度、扩大覆盖率、提高惠及面、抓好文化礼堂的拓展和延伸的产物，更是其以高标准高要求高质量来发展农村文化礼堂的成果。

一个文化礼堂，既是一个文化阵地，也是村民和居民家门口的便捷"体育馆"。海宁市依托其丰富的农村文化礼堂资源，以体育"三进"为抓手，致力于全民健身活动与农村文化礼堂的深入融合。如加大体育设施进文化礼堂，丰富农村的全民健身场地；以健身指导为载体，强化对活跃在农村文化礼堂从事健身指导服务的一线社会体育指导员的再培训力度，提高广大群众的科学健身水平；将体育赛事落户文化礼堂，让村民有丰富多彩的赛事活动可参与，提升广大群众的运动水准。在推进体育进农村文化礼堂过程中，海宁市始终坚持"群众文化群众办、广泛参与社会性"的原则，并不断推陈出新、打造新的亮点，送健身器材、精彩赛事、体质监测、科学健身指导、技能传授等服务进农村文化礼堂助力文化礼堂建设和运行，通过持续的努力，构建了功能齐全、服务到位、惠及全市的体育进农村文化礼堂服务体系。

然而，建好农村文化礼堂只是第一步，最重要的是让它用起来，并且是为民所用，那么，一套长效的运行机制显得尤为重要。海宁市在这方面做了诸多探索和实践，如倡导农村文化礼堂"专业管"+"自主管"，具体做法是推动三"管"齐下——聘请文化专管员专职管，倡导理事会协助管和村民自己管。即每个村的文化礼堂根据既有资源和自身条件，自行选择文化礼堂的管理和运作方式，其目的是让文化礼堂能够凸显当地特色，以及动员更多社会力量加入，为村民提供各色各样的体育活动，保障文化礼堂在有序且常态化运转的基础上实现可持续发展。在这一过程中，海宁市诞生了诸多农村文化礼堂自治的典范，如长安镇泰山村农村文化礼堂、马桥街道利众村文化礼堂和盐官镇桃园村文化礼堂等，与此同时还成长了一批优秀且专业的农村文化礼堂"大管家"，建成了一支支热心且积极的志愿者队伍，形成了"专职管、理事管、村民管"的礼堂管理自治机制。

图11　蒲塘村文化礼堂（作者拍摄）

长安镇泰山村农村文化礼堂，总占地面积3300平方米，其采取聘请文化专管员专职管理的方式，来负责文化礼堂的日常工作，包括文化礼堂活动的组织和开展、文化礼堂场地的协调与使用等，保障了文化礼堂的日常运转。盐官镇桃源村文化礼堂实行活动预告制、礼堂使用预约制，一周七天早晚全时段开放。那么这么长的开放时间，礼堂怎么实现有效管理呢？桃源村为每个普通村民配置一把礼堂钥匙，村民根据自身需求以及预约情况早晚都可自行使用礼堂的各个功能区块，这一"自治"的方式，满足了村民随时都能使用文化礼堂的需求。而每个村民既是管理者也是使用者，都能自觉地遵守文化礼堂的规章制度，维护文化礼堂的器材设施和卫生，进而推进了文化礼堂有序运转。海盐得胜村文化礼堂则依托社会资源成立了礼堂理事会，并通过政府委托的方式将文化礼堂的日常管理事务交由理事会承担，包括动员民间力量协助做好文化礼堂提档规划、活动策划、资金募集、节目排演、队伍竞赛、场所管理等。作为专业运作机构的理事会，其不仅取得了社会团体法人的资质，而且不断优化服务内容，创新服务方式，提升服务质量，让文化礼堂"活"起来了。

当前，文化礼堂已经成为海宁市各村的文化地标，也成为与美丽乡村、美好生活相契合的精神家园。村民从参与者，到亲历者，再到创造者，共同见证了文化礼堂的成长，与文化礼堂融为了一体。在文化礼堂的管理上，不管是村民自治，还是聘请专职人员，抑或由理事会负责，都是为了最大限度地激活文化礼堂的生命力，让体育骨干、体育能人、新乡贤等参与进来，让村民们"动起来"，共同管理文化礼堂，也共同使用文化礼堂，有效提升了文化礼堂的管理水平，形成长效的管理机制。如此一来，文化礼堂才得以持续地散发活力，进而成为该村的一个文化品牌，并通过融合发展，彰显该村的内涵，体现时代特色，同时造福村民，提升村民的生活质量。

三、全社会共建共享全周期的运动促进健康模式

（一）运动促进健康实施背景

2002 年，党的十六大第一次把全民健身写进工作报告，全民健身由"增强体质"进入"健康促进"的发展阶段。[①] 然而，在该阶段，全民健身促进全体人民健康的工作开展得并不是很有效。直到在 2016 年 8 月的全国卫生与健康大会上，习近平总书记强调，提升全民健康素养，推动全民健身和全民健康深度融合。紧接着，10月，《"健康中国 2030"规划纲要》颁布，要求推动形成体医结合的疾病管理与健康服务模式。就此，全民健身与全民健康的融合进一步升华。而一场突如其来的新冠疫情，让人们深刻地意识到健康身体对于疾病预防的关键作用，人们参与体育运动的热情空前高涨，科学健身的需求日益突出。全民健身，逐渐从响亮的口号深入人民群众的实际生活中，成为大家追求健康生活方式的重要手段之一。全民健身与全民健康的融合，也不再仅仅是国家层面的一项重大决策部署，而是在人民群众中找到了实践的根基。但是，就目前全民健身与全民健康的融合过程来看，依然存在诸多问题，如业态模式开发度不够、供给与需求矛盾、产业政策执行阻力、政府资金引导

---

① 胡扬. 从体医分离到体医融合：对全民健身与全民健康深度融合的思考 [J]. 体育科学，2018，38（7）：10.

还不健全等。① 全民健身与全民健康的融合是一项复杂的系统工程，需要多主体（政府、市场与社会等），多领域（体育、卫生与医疗等），多层级（国家到省市再到基层社区），多要素（技术、资源与话语权等）携手并进。

为了全面且深入地贯彻落实国务院文件精神以及推进全民健身与全民健康的深度融合，2016 年 12 月，浙江省委、省政府印发《健康浙江 2030 行动纲要》，将国家的"五大健康领域"具体化为 11 项国民健康行动，其中之一就是全民科学健身行动。2019 年 9 月，浙江省委省政府印发《浙江省人民政府关于推进健康浙江行动的实施意见》，提出了健康浙江 26 项行动，其中就包括加强"体医融合"，探索开展慢性病运动干预。在此背景下，从省级层面到各地市层面都开始了"体医融合"的诸多探索和实践，如陀曼集团浙江好习惯科技有限公司与上海财经大学体育教学部联合组建的长三角青少儿运动与健康创新发展研究中心（人工智能+专业知识+运动健康相结合的体教医新模式）、鼓励社会机构开办体质测定和运动康复机构的"上虞模式"（上虞区运动康复指导中心）、以"体医融合"和"百姓健身房"为模式的嘉兴中南社区运动促进健康服务中心等。

（二）"体医康养"一体化融合实体的"嘉兴模式"

自健康中国战略实施以及健康浙江行动开启以来，嘉兴市就着

---

① 李娟，刘紫薇. 全民健身与全民健康深度融合的内涵、现实困境与多维路径研究
[J]. 沈阳体育学院学报，2021，40（1）：52.

手探索"体育+卫健+养老+康复"的多元健康服务新模式，为全民健身和健康嘉兴融合互促发展筑基立台。当前，嘉兴市已经建成"体医康养"一体化融合实体 12 个，致力于构建以嘉兴市第二医院体医融合促进与创新研究中心为龙头，以智慧体育社区、公共卫生、养老服务中心资源共建共享为网底的二级科学健身和健康管理模式。① 一方面，嘉兴以促进健康为目标，充分利用广播、电视、报纸、手机微信、微博等手段，大力开展健康教育宣传活动，如邀请慢病人群到社区运动促进健康服务中心，为其进行运动功能评估，并开具运动处方，且针对特定慢病人群开展运动干预和治疗等，在全市范围内树立全民健身促进全民健康的正确理念，引导居民科学健身，营造良好的健身运动氛围。另一方面，通过政策驱动、试点先行等系列举措，以百姓健身房和基层社区为依托打造集体质监测、健身指导、运动干预为一体的体医融合示范点，提高居民的健身体验感。

作为嘉兴市首个示范点的中南社区运动促进健康服务中心，即经开区长水街道中南社区"百姓健身房"，围绕人民群众生命全周期、健康全过程，在中心内逐步建立起体育健身、康复类器械以及健康体检与体质监测仪器，并安装配置健康评估等软硬件，一方面满足了社区全人群的健身需求，另一方面也能让社区居民及时了解自身的健康和体质状况，做到健身和检测同步进行，已于 2021 年 6 月 30 日正式启用。该中心分为室内、室外两大块，室内设置健身器

---

① 韦文静."体医融合"新模式助力"健康嘉兴"建设[EB/OL].浙江在线，2021-10-16.

材区、体质监测区、休息区等功能区，共配置了 25 件功能器械，除了配置常规的有氧、力量型器械外，还配置了腿部内收外展训练器、推胸训练器、无障碍垂直律动机等康复、律动型功能器械；室外建有篮球场、健身步道、智能二代健身路径、儿童足球训练器等运动场地。此外，该中心还与嘉兴二院合作，由经过二院培训的卫生服务站的医生，每周三天进行驻点服务，根据体质监测的检测数据开具运动处方。即该示范点对辖区居民进行体质监测，除了常规的身高、体重、血常规数据外，还包括了人体成分分析、腹部肥胖分析、心肺耐力分析和健康体适能指标等数据。嘉兴市第二医院医生则根据检测报告对症下"药"，开具运动处方报告，报告中的"运动方案"里，有针对地提出"有氧运动"和"抗阻运动"等运动干预方面的具体性强化措施，如从第 1 周到第 12 周，每周采取何种运动方式，每次运动时长多少等，"处方"都标注得一清二楚。

中南社区运动促进健康服务中心依托数字化改革，不断提升其智慧化管理水平。其一，按照"运动家"智慧体育社区"2+X+IOT"的模式，通过运动数据上云及智能物联技术运用，中心将其所有场地设施纳入"运动家"智慧体育社区统一管理。就此，线上线下有机融合，在以该中心为圆心的社区内，形成了一个"生态+运动+健康"的 10 分钟健身圈。其二，站点医生将监测数据、运动处方等资料上传至二院的数据后台，进而由更专业的运动干预医疗团队提供技术支撑和保障。与此同时，中心每天安排社会体育指导员按照运动处方对居民进行康复健身指导，以及社区体育志愿者进入中心提供志愿服务。

图12　朱旺村体育中心（作者拍摄）

全民健身和全民健康的深度融合，涉及体育健身、医疗保健、健康饮食、服务管理等多方面知识和技能，需要大量懂得运动科学及医疗科学的复合型人才。就此，嘉善县文化和广电旅游体育局和嘉善县卫生健康局不定期共同主办"体医融合交叉培训"，对各镇（街道）体育业务骨干、基层医疗机构医务人员、各县级体育社团体育社会指导员等群体进行专业化培训，包括运动损伤预防、紧急救护、心肺复苏和 AED 除颤仪的使用实战演练等多项内容，既有理论培训又有实操演练，让参培人员对赛事活动过程中的注意事项和突发事件急救知识有了进一步了解，更熟悉地掌握心肺复苏急救技能和 AED 除颤仪使用方法。此外，中南社区运动促进健康服务中心则依托嘉兴市第二医院，为社区内的社会体育指导员进行"体医养"专业知识培训，扩大体育干预慢性病及进行康复训练的指导和辅助人员。

中南社区运动促进健康服务中心体医融合示范项目具体流程为，加入试点项目的居民，先在市第二医院开展体检、体质监测（监测体脂率、肌肉量等人体成分、平衡力、柔韧性和协调性等运动能力指标），一整套流程下来，医生会根据体检和体质监测的报告开具专业的运动处方，随后居民再回到社区"运动家"，在社会体育指导员、社区医生的联合指导下开展体育锻炼，以运动预防疾病，促进健康。就此，该中心形成了以社区为单位，依托集百姓健身房、多功能运动场地、健身步道、运动广场、二代智能路径等为一体的公共体育场地设施，深度融合医疗、养老等元素，促进社区居民形成健康多元的服务模式。

（三）多部门联合共建运动医学中心的"温州模式"

2018 年 11 月 3 日，温州市卫健委和温州市体育局以温州市中西医结合医院作为体医融合试点医院，联合共建温州市运动医学中心，该中心将国民体质测试与市民医疗健康体检相结合，运用国民体质测试成果，为市民提供医疗健康体检和国民体质测试两张报告，医生则根据报告，开具医疗、健康、运动等处方，指导市民进行科学的健身活动；与此同时，两家单位联合下发《关于在市区部分医院试点开展国民体质测试与医疗健康体检相结合工作的通知》，以明确相关部门工作职责，规范管理工作人员，发挥试点医院的带动示范作用，保障"体医融合"工作的开展。紧接着 11 月 13 日，温州医科大学与温州市体育局签署战略合作协议，联合成立温州运动健康研究院，该研究院作为校地合作的学术研究机构，立足医学与体育学科前沿，围绕运动健康促进和运动康复领域，充分发掘温州医科大学以及附属医院的优质资源，开展科学研究、人才培养、学术交流、咨询服务和资料信息建设等活动，主要研究"体医深度融合"促进健康的政策理论、国民体质健康理论与实践、科学健身指导、运动医学及运动康复理论与实践等方面内容。此学术研究，依托学校的一级社会体育指导员培训基地，将研究成果进行转换，推动体育进入社区，普及科学健身理念，推广健康健身方法，为全民健身活动提供技术指导服务。

2020 年，温州市体育局授权温州市社会体育指导中心与温州市中西医结合医院在温州市运动医学中心举行"体医融合"合作签约仪式，就深化建设温州市运动医学中心签订合作协议，在国民体质检测、体育赛事医疗保障、学术科研建设、运动医学康复人才培养以及科普知识公益宣传等方面开展全方位的体医融合深度合作，即开展预防、治疗、康复三位一体的服务，以进一步实现资源共享、优势互补，不断扩大合作领域和规模。此外，温州市运动医学中心还与上海华山医院运动医学团队、中国中医科学院望京医院康复医疗部展开密切合作，成为国家体育总局运动医学研究所全国首批十家科学健身联合门诊中浙江唯一试点单位。[①] 其中在跨专业复合型人

---

① 市中西医携手市社会体育指导中心 探索温州特色"体医融合"新模式［EB/OL］. 潇湘晨报百家号，2020-11-12.

才培养方面，温州尤其注重，即推行医务人员运动健身知识和社会体育指导员健康科普知识交叉培训，建设"体医融合"复合型专业队伍，建立行之有效的培训、考核机制。

该中心作为国民体质检测定点单位，在温州市社会体育指导中心的大力支持下，一方面，合作双方就进一步倡导健康生活方式达成共识，积极践行"体育让生活更美好"的理念，聚焦为民、便民、惠民服务，推出科学健身指导进社区、进"百姓健身房"等体育惠民活动，并结合群众居家健身需求，增加了线上直播教学方式，让科学健身指导服务惠及更多居民。另一方面，合作双方开展国民体质测试，促进体质检测与健康体检相互融合；开展运动康复、科学健身指导服务等；积极配合探索温州市各类人群的"体医融合"运动指导、运动处方、康复治疗及健康管理方案，促进运动康复人群获取科学健身处方，让老百姓切切实实地感受到"体医融合"带来的益处；开展体育赛事医疗保障，为温州体育知名人士及重点运动员开展运动康复及治疗；积极开展"体医融合"科研学术活动和运动医学相关科普知识宣传活动，为推进温州"体医融合"事业和向全社会传播"科学健身、健康生活"的理念贡献力量。

自2018年5月开始到2020年9月，温州市运动医学中心为广大市民进行体质检测，开具运动处方，进行运动康复治疗服务达3万人次；为运动员、运动爱好者运动损伤及慢性劳损患者进行关节镜微创手术200台；推出"运动是良医"科普品牌和"运动是良医"校园推广计划，进校园、进社区、下基层，从生活方式、健康知识与技能、健康检测、健康教育等方面，引导大众建立运动促进健康的理念。① 通过对这种"体医融合"模式的实施和推广，一方面深度传播"体育让生活更美好"的理念，另一方面全面引导市民依据"运动处方"进行体育锻炼，进而促使疾病预防关口前移，提高市民的生命质量和生活品质，让市民享受"体医融合"的成果，让体育成为老百姓健康的"守门员"，也让市民获得更多的安全感和幸福感。

温州市体育局，一方面充分利用地方大学的专业优势，另一方面挖掘并整合现有的体育及医疗卫生资源，与温州医科大学和中西医结合医院进行密切合作，将国民体质测试相关项目纳入居民医疗体检，体育与医疗数据共享，实现健康体检、运动康复、科学健身一站式服务。这一模式发挥了多部门联合共建的作用，推进了"体医融合"的深度和广度，让"体医融合"的成果惠及更多人民群众。各参与主体，秉承"运动是良医、健康是责任"的理念，以"体医融合"合作项目为载体，把各自的优质资源进行结合，共同推进温州市运动健康事业的发展，提升全民身体素质，培养全民健康生活方式，用实际行动践行了"体育让生活更美好"的理念。

四、全民健身运动振兴乡村赋能城市的共富模式

（一）体育振兴乡村实施背景

2005 年，时任浙江省委书记的习近平同志在湖州安吉考察时首

---

① 华晓露. 体旅体教体医 融合发展"体育+"［EB/OL］. 温州市体育局官网，2020-09-08.

次提出"绿水青山就是金山银山"的科学论断；随后，习近平同志在《浙江日报》"之江新语"专栏发表《绿水青山也是金山银山》的文章；2006 年，习近平同志在中国人民大学发表演讲，对"绿水青山"与"金山银山"的关系作了系统性阐释；2016 年习近平总书记在《绿水青山就是金山银山：中国生态文明战略与行动》报告中阐述了绿水青山就是金山银山的中国生态发展模式；2017 年，习近平总书记在党的十九大报告中指出，建设生态文明"必须树立和践行绿水青山就是金山银山的理念"。习近平总书记的"两山理论"就是在面对我国愈来愈严重的生态问题亟须解决的背景下提出来的，以经济发展与生态环境保护协同并进为主要内容，切实解决我国社会主义发展过程中的生态困境，最终将"以人民为中心"的发展理念作为落脚点，积极推进我国生态文明建设，为我国开启全面建设社会主义现代化国家的新征程提供坚实的理论基础。①

此外，在党的十九大报告中，习近平总书记提出了乡村振兴战略，2018 年 9 月，中共中央、国务院印发了《乡村振兴战略规划（2018—2022 年）》，科学有序推动乡村产业、人才、文化、生态和组织振兴。生态转化是"两山理论"的重要内涵，它引领乡村生态振兴首先应坚持"生态优先"，即既要保护生态，更要实现"绿色发展"；其次是要确立生态振兴思路，即坚持底线思维与发展思维相统一的振兴思维，建构自然生态与人文生态相交融的振兴视野和建立政府主导与市场运行相协调的振兴机制。

---

① 杨莉，刘海燕. 习近平"两山理论"的科学内涵及思维能力的分析［J］. 自然辩证法研究，2019，35（10）：111.

浙江作为"两山理论"的发源地，无疑也是"两山理论"的忠实践行者和传播者。在"两山理论"的指引下，浙江省先后颁布《浙江省加快传统制造业改造提升行动计划（2018—2022 年）》《贯彻落实〈政府"两强三提高"建设行动计划（2018—2022）〉实施方案》《全面实施乡村振兴战略高水平推进农业农村现代化行动计划（2018—2022 年）》以及《浙江省供销合作社联合社关于贯彻落实乡村振兴战略大力提升为农服务和合作经济的实施意见》等系列政策文件，不断发展生态农业、生态工业、生态旅游，催生出体验经济、民宿经济等一批新经济新业态。乡村振兴战略、美丽乡村建设作为浙江省委省政府的重要战略和中心工作之一，体育也有着重要的一席之地，故体育部门也从没有停歇改革的脚步，这些年来一直在加强顶层设计、政策引领，如率先发布《浙江省户外运动发展纲要》，大力推动省级运动休闲基地、体育旅游精品线路的打造，创建一个（一条线），带火一地，造福一方。并依托浙江互联网高地的优势，浙江省体育局协同各部门建设浙江全域户外运动智能信息服务系统，这也是全国首个省级层面全域化、智能化、规范化的户外运动信息系统。

就体育领域助力乡村建设层面来说，培育省级运动休闲乡镇是转化"两山理论"的重要通道，而创新体育赛事则成为提升乡村品质和形象、改善和丰富民生、打造乡村经济增长的重要引擎，丰富农村的体育场馆设施，则是增强老百姓参与体育获取获得感、幸福感的重要载体，如金华市朱王村的"省赛村办"模式，宁波市横坎头村的"文旅体融合"发展模式，绍兴市镜岭镇的体育运动休闲小镇模式，富有当地创意及特色的各色"文化礼堂+体育"模式等，呈现出了百花齐放的局面。

（二）金华市杭坪镇引赛事做拓展助力乡村振兴

杭坪镇位于拥有"中国水晶之都"之称的浦江镇近郊，通过承办浙江省生态运动会的开幕式和首站比赛，迎来了华丽的转身，并凭借自身优美的生态环境、丰富的自然资源以及深厚的文化底蕴（杭坪、石宅2个村在2016年获评"中国传统村落"，拥有剪纸、执事、舞狮、擂马、竹丝灯、板凳龙、什锦班等各类民间艺术，"杭坪摆祭"更是被列入浙江省非物质文化遗产代表作名录），开展各类具有创意的户外运动，引赛事做拓展，夯实了体育振兴乡村的致富之路。

2019年浙江省生态运动会首场活动场地设在浦江县杭坪镇薛家村生态乐园，面朝高山蔬菜基地，背靠青山险峻岩壁，清澈的江水从中穿流而过，为运动会营造了原生态的活动场所。该生态运动会一登场，就显示出了良好的效果，这瞬间让杭坪镇看到了发展的契机，趁着这一热度，其下定决心，把运动休闲产业作为"主攻"方向，于是杭坪镇前后开发了卡丁车、露营、攀岩、速降、悬崖索道、休闲皮划艇、桨板等二十余项户外运动。为了穿珠成串、集聚资源，杭坪镇成立了一个主打户外运动的公司，取名"趣野吧"，杭坪镇政府投资800万元成立公司，然后引进一家乡贤开办的公司负责引流，还有第三方公司作为项目的落地与执行，"三驾马车"发挥各自所长并形成合力。该公司与300多家户外俱乐部、旅行社，40多位体育教练进行合作，为运动爱好者提供"一站式"服务，截至 2020 年 9 月底，已接待游客数超 300 万人次，接待公司单位 800 余家，实现营收 620 万元，同时带动周边餐饮、民宿、农产品销售，以及吸纳周边富余劳动力"零距离"就业等，实现二次创收逾 1000 万元。①运动休闲，让杭坪镇点"石"成"金"，不仅恢复了绿水青山，还让全镇一万多名老百姓富起来了。

这之前的杭坪镇，既历经了水晶产业的辉煌与萧条，也历经了开山取石、铺路砌墙的繁荣与衰落，最后其一度是周边乡镇经济最为薄弱的乡镇之一，青山已不见，绿水也受污。然而，随着"绿水青山就是金山银山"的理念深入人心，当地人逐渐意识到不能再以牺牲环境来换取经济发展。就此，杭坪镇依托浙江省推动的"千村示范、万村整治"工程，全面开启了小城镇环境综合整治工作，充分结合其现实条件，注重历史文化传承和基础设施更新，以提升整体居住环境为基础、整治提升为重点，将杭坪镇建设成一个布局美、生活美、环境美、和谐美的美丽集镇和具有特色休闲旅游、商业服务、民俗文化等的魅力小镇。

在这一大的背景下，杭坪镇陆陆续续地诞生了一个又一个极具创意和特色的体育休闲项目，从最早的一片卡丁车场地到现在的占地总面积 2512 亩的大型探索营地，涵盖了水域体验区、草坪活动区、高空挑战区、拓展训练区、丛林越野区、公园主题区、真人 CS 野战区、野炊烧烤区和星空露营区，涉及的项目丰富且具有参与性

---

① 运动休闲，让浦江杭坪镇点"石"成"金"[EB/OL]. 浙江省体育局官网，2020-09-30.

和挑战性，能够满足不同需求、不同年龄段的群体前来体验。营地更是配有多种形式的生态餐厅，分为土灶区、BBQ 区、烤羊区、自助餐区，实现了"体育+旅游"一条龙服务。据报道，2020 年 9 月之前，基地节假日日均人流量可达 1 万人次，团建接待 2 万人次左右，总人数近 5 万，接待公司单位 800 余家；仅 2019 年国庆假期，营地游客量共计达到 10 万人次，单散客的营业额收入将近 60 万元，每日营业额都超 10 万元。① 而这里在改造之前，还是一个废弃的矿山，如今成了一个综合型户外拓展基地，并借着 2019 年省生态运动会的契机，正式对外营业。随着营地内项目不断丰富和优化，游客日益增多，收益也越来越好。由于营地内的项目村集体、村民都有入股，因此村民们的腰包也跟着鼓起来了。此外，凭借省生态运动会，杭坪镇把特色产品宣传推广出去，如"葛老头"高山蔬菜、"浦江春毫"茶叶和"康香源"香榧等，盘活了当地的生态农业产业。

杭坪镇的转型、薛家村的改造，让当地人尝到了"体育+旅游"的甜头，还让人们看到了"两山理论"的强大生命力，同时也向外界展示了"点绿成金"的致富路。更值得一提的是，这里振兴的乡村不仅仅是一个薛家村，而是全镇 16 个行政村，因为这个基地项目，当初让全镇的村民都入了股，所以获得收益后，每个村每个人都能分到红利，这是体育撬动经济发展取得成果实现共享的最佳写照。杭坪镇通过发展农旅融合产业业态，以休闲体育活动为切入点，

---

① 张峰.体育让乡村"富"起来，曾办过生态运动会的浦江杭坪又有新变化 [EB/OL].钱江晚报百家号，2020-09-21.

在薛家村建设大型的"趣野吧"探索营地，并将这些休闲体育景点与当地的经典景区进行串线，打造全域"体育风景"。在杭坪镇，生动演绎了人与自然和谐共生、经济发展与生态保护双赢的发展之路，碧水蓝天、清新空气、宽阔草坪，既让村民们的生活更为富足，也为周边城市的人群提供了参与体育运动的优良场所，增强了人民群众的幸福感和获得感。

（三）绍兴市镜岭镇打造运动休闲产业助力乡村振兴

镜岭镇位于浙东，是唐诗之路的精华段，也是佛教之旅、茶道之源的精华之所在，其利用得天独厚的山水风光和文化旅游资源，全力打造辐射长三角的户外运动休闲旅游目的地，把推动运动休闲产业发展作为乡村振兴的抓手和载体，盘活了乡村产业，也让百姓在运动中获取了更多获得感和满足感。然而在这之前，镜岭镇则是依托其古镇特色和充足的民俗资源打造休闲和康养主题，但是效果甚微，于是转变思路，引入户外健身概念，希望给游客带来一种运动式的休闲生活体验。

于是从 2018 年开始，镜岭镇尝试举办户外运动赛事，经过几年的坚持，其举办的越野赛的影响越来越大，广受人民群众的欢迎。同年，镜岭镇政府引进绿道全域骑游项目，共设置了云峯亭、平安公园、镜岭镇、溪西四个骑游站点，每个站点放置了 10~20 辆山地自行车，游客可在几个站点内通过扫码随时定点租还车，体验感和幸福感随之增强。2020 年，十九峰景区狐巴巴星球乐园建成开园，这是一个集户外运动、休闲旅游、亲子度假和营地教育为一体的主题乐园，涵盖了攀岩、速降、树顶飞索、彩虹滑道、山顶滑车等20多种户外体育运动。据统计，2019年至2021年三年来，镜岭镇运动休闲活动共吸引9万名参与者，实现直接经济效益9000万元，带动间接经济效益1.5亿元；而仅在2021年1月至8月，全镇累计接待游客70多万人次、促进村集体经济增收310多万元、带动农民增收3000多万元。① 实践证明，镜岭镇打造户外运动品牌的决策之明智，并将其乡村旅游、民宿产业等各领域的资源串联起来，实实在在把生态优势转化为了经济优势，让休闲运动产业助力乡村振兴取得的丰硕成果惠及千家万户，使得村民在参与体育健身增强体质丰富精神生活的同时也能享受其带来的经济效益。

尽管山水呵护的镜岭，是一条充满历史底蕴和浓厚文化色彩的老街，但随着时代的变迁和经济的快速发展，曾经的繁华已不在，老街内的商铺和民房大量闲置，镜屏村里老房成群、房屋破败，镜岭江竹潭村段河道边则堆积着大量建筑垃圾和生活垃圾，呈现出一片颓败的景象。在浙江省践行"八八战略"，打造"重要窗口"的战略目标引领下，镜岭镇立足"丹霞风情·山水镜岭"全域旅游发展新定位，于2017年5月启动小城镇环境综合整治行动。在小城镇环境综合整治过程中，镜岭镇始终坚持对"乡愁"元素的挖掘，发展"旅游+文化"模式，其中之一就是打造运动休闲小镇，营造了沉浸式镜岭镇体育文化氛围，为丘陵文化注入了新的内涵，也塑造了新的小镇品牌。

---

① 浙江新昌："没有围墙的迪士尼"谱"体育+"新篇［EB/OL］．浙江省体育局官网，2021-08-26.

一个"活"的运动休闲小镇,不仅需要各色各样的体育场地设施,更需要丰富多彩的体育活动。就此,新昌着力从场地设施网络的扩容提质、群众体育赛事活动的多元共兴和社会力量的有效激活等方面推进,即一方面基于其生态环境优势建设镜岭版的"绿野仙踪"、体艺中心、运动休闲主题公园、8公里长的十九峰沿江生态绿道等大型体育休闲场地,另一方面则通过"金边银角"广利用、身边设施(社区体育公园、全民健身路径器材、健身步道绿道、笼式足球场等)"零距离"等打通公共体育服务的"最后一公里";并积极打造新昌越野胜地品牌赛事体系,全县各级各类体育赛事贯穿全年,形成村镇、县区和城市"周周有活动、月月有比赛"的共享局面。① 这些举措既满足了人民群众便利健身、科学健身、文明健身的需求,也带动了当地经济的发展,助推了乡村振兴,同时促进了共同富裕。

其中,作为镜岭镇的户外品牌赛事之一——浙东唐诗之路·天姥山越野挑战赛(该赛事是经中国田径协会B类认证、ITRA国际越野协会积分认证的双认证赛事),自2018年开始已经连续举办好几届,吸引了来自全国各地的忠实跑友,从最初的2000人到2020年的5000人,影响力逐年递增。借助该赛事以及一系列的精彩体育活动,镜岭镇的外婆坑村,摇身一变成为一个有着诸多标签的"网红村",开出了脱贫路,实现了从"光棍第一村"到"江南民族村"的华丽蜕变,截至2021年8月4日,已累计接待游客160万人次,

---

① 新昌打造"共建共治共享"体育新模式 [EB/OL]. 浙江省体育局官网,2022-02-11.

营业收入 2300 万元；2020 年，村集体收入达到 244.88 万元，村民人均收入达到 43560 元。[①]

镜岭镇政府把发展农村体育事业作为实施乡村振兴战略的重要内容和载体，不断完善农村全民健身公共服务体系，夯实农村公共体育场地设施，拓展农村体育文化生活形式，并通过重点突破、特色培育和多领域融合，走出了一条乡村振兴的实践之路。此外，镜岭镇以"环浙步道"建设为抓手，融合省级运动休闲乡村等产业项目创建，串联激活各类资源，积极培育步道经济，有效带动项目所在地和步道沿线的经济发展，体现出了对自然生态规律的遵从，对社会发展规律的尊重，对权利平等和生态正义的遵循，更是对"两山理论"的践行，为乡村振兴注入了丰富的文化意蕴，树立了文化资源观，激活了文化生产力，也化解了文化矛盾。

---

① "体育+旅游"撞出怎样的火花？浙江绍兴新昌县镜岭镇打造运动休闲产业助力乡村振兴 [EB/OL]. 绍兴市体育局官网，2021-08-24.

第五章　全民健身迈向全民健康的管理方式

一、顶层设计，建立科学规范的制度体系

（一）制度体系的内涵与构建

全民健身服务体系结构将其公共服务的系统要素划分为供给体系、产品体系、服务对象体系、资源配置体系和管理运行体系，[①] 标准化的制度安排切入全民健身公共服务的基本服务项目和内容，包括场地设施服务、指导服务、培训服务、活动服务、信息服务、体质监测服务等，[②] 充实资金和组织人力资源，健全绩效评价和监督反馈，服务体系的供给生产方、体育组织和社会大众。全民健身公共服务保障的制度体系是一个政府领导、部门组织、行业合作、社会

---

① 王莉，孟亚峥，黄亚玲，等. 全民健身公共服务体系构成与标准化研究 ［J］. 北京体育大学学报，2015，38（3）：4.

② 黄义军，翟东波. 全民健身公共服务体系研究现状及发展策略 ［J］. 西安体育学院学报，2017，34（2）：190.

参与的多元体系，将密切关联的各要素和主体连接为有机整体，使得全民健身公共服务资源配置优化、管理工作规范、服务效益上佳。① 制度安排的基础是全民健身的需求表达，以需定供设计公共产品和服务的生产和供给制度，以标准化制度确定管理运作和流程的规范化，以提纲挈领的原则要求实现社会成员基本权利享有，全民身体素质和健康水平提升，公共服务均衡共享、区域人群间配给差异缩小的目标。促进全民健身公共服务的发展，制度性因素是关系全民健身治理效能发挥的主导因素。制度设计对全民健身公共服务内容、范围、标准、质量、主体责任、供给机制的阐述，对全民健身数据的统计和分析，对区域联动的战略布局和增长传动影响着全民健身服务体系的健全程度；制度设计对居民全民健身设施的规划、建设、验收、交付流程的规定，对学校等体育活动场所和设施面向社会开放的政策影响着全民健身的执行效率；制度设计对政府、市场、社会的角色定位和协同机制，对职级单位和利益主体的界限划定影响着全民健身公共服务多元供给主体协同机制的发展格局；制度设计对全民健身公共服务法律出台、普法执法，对制度宣传下沉和教育普及影响着全民健身服务的社会环境。

从社会治理方式来看，法治是最稳定的制度创设方式，以法治稳固推进全民健身公共服务的建设成果，是理想化的选择。② 全民健身的政策法规体系，以宪法及宪法性法律，体育、教育和公共服务

---

① 刘志成. 我国城市社区全民健身公共服务体系构建研究 [J]. 体育与科学，2012，33 (4)：78.

② 陈华荣. 实施全民健身国家战略的政策法规体系研究 [J]. 体育科学，2017，37 (4)：75.

相关法律，行政法规，地方性法规，政府规章为依据。该体系中的重点文件，比如《中华人民共和国体育法》《中华人民共和国公共文化服务保障法》《全民健身条例》《关于构建更高水平的全民健身公共服务体系的意见》《政府购买服务管理办法》等，提出了全民健身公共服务的实施计划、实施标准、开放制度、人员技术、财政支持、保障条件等安排；提供了多部门联合、融合发展，支持全民健身公共服务场馆开放、赛事多彩，学校体育、农村体育多领域繁荣的制度；提及了全民健身公共服务效能考核与评估衡量、公共资金使用来源和监督公告、全民健身公民权利和主体责任的规定。因此，为促进制度体系法治化，要提升法治过程中全民健身公共服务的能见度、明晰度，增补高阶位法律规范和行政规章制度，既要避免政策描述上的语焉不详，又要提升法治规范的层次，切准场地设施有序运营、群众体育指导和志愿服务规模化长效化、政府购买服务资质权限和模式监管等关键问题。要提升法制体系的民主性和科学性，在符合社会体育和公共事业本土化实践与法律体制基本要求和总体原则下，既要从发展实际中总结经验形成文本记录，又要借鉴和汲取其他行业与国家发展中的成熟方案进行有效的迁移，① 以前瞻性的眼光高屋建瓴地预见全民健身公共服务的发展面貌。要加快政策文件的落地落实，加速战略精神的扩散传达，提升行政人员和社会大众的法治信仰和法律素养，既提升对国家统领性政策文件的理解度和执行力，又促进下属层级部门和地方灵活性、适宜性法规

---

① 刘峥，戴健，程华. 全民健身公共服务的立法需求、供给与法治策略［J］. 上海体育学院学报，2016，40（1）：49.

的制定和完善。

在政策文件的铺垫下，在法治化建设的基础上，全民健身公共服务制度设计也要围绕均等化目标的要求和协同发展的格局，促进基础性服务的普及。鉴于我国全民健身公共服务不平衡的发展现状，为扶持公共服务向弱势群体和弱势地区倾斜，促进别具一格的创新和成功经验的借鉴和共享，联动城乡和区域的公共服务资源合理分配和流动，全民健身公共服务的制度体系要加强一体化协同发展的顶层设计。通过打造全民健身公共服务的区域发展布局，协同珠三角、长三角、京津冀、粤港澳大湾区、成渝经济圈等区域发展，健全常态化协商机制和沟通渠道，搭建高层次规划路径，使得协同方式从办赛联谊、论坛交流转化为资源优化、人才联动、项目共建。①通过优势地区的帮扶带动、城市公共服务资源的延伸辐射，城乡二元结构着力破解一体化的制度设计和实施步骤，促进优势互补、潜力激发、共建共享服务态势的形成。

《全民健身条例》将其公共服务的具体制度归纳为行政责任制度、计划与监控制度、组织建设制度、队伍建设制度、工作激励制度、物质保障制度、工作监管制度、法律责任制度、活动制度、全民健身日制度。②因此，全民健身公共服务的制度设计，除了要重视政府履职的主导性作用，同时也要关注社会力量及市场资源组织队伍的建设，健全激励、监控、评价管理机制以实现结果目标的首尾

---

① 郑家鲲.“十四五”时期构建更高水平全民健身公共服务体系：机遇、挑战、任务与对策［J］.体育科学，2021，41（7）：9.
② 于善旭.中国政府对全民健身公共服务的法治推进［J］.成都体育学院学报，2012，38（1）：21.

呼应和公共服务的动态进益。随着治理理念的更新和服务需求的升级，公共服务的供给侧改革和政府职能转变提上日程。政府购买服务是一种以市场化机制为导向的制度创新，突出政府在公共服务供应链中战略规划者、服务合同设计者、服务外包监管者的职责。① 全民健身公共服务供给的多主体监管，需要市政建设、规划部门，财政部门，体育部门，交通部门，文化广电部门，工青妇相关部门组织牵头，多头分散的监管形式不利于行政监管权威的树立和监管效率的提高，因此要突破行政权力条块的壁垒，促进跨部门协作规范化和常态化。

对于社会力量参与，需要更详尽的目录指引和政策解析，介绍参与部门的作用和职能、符合区域实际的特色文化购买内容、购买服务的评级体系，以克服信息不对称和信息不完全造成的弊端。一方面，要促进相关信息的公开和披露。信息披露制度指国家行政机关和法律、法规以及规章授权和委托的组织，在行使国家行政管理职权时，通过法定形式和程序，主动将政府信息向社会公众或依申请向特定的个人或组织公开的制度。信息披露是联结供给端和需求端的重要纽带，是实现社会服务供给公平正义的重要举措，是建立健全绩效评估制度的重要保障。② 要完善信息披露相关法律政策依据，依托科技化、数字化技术打造便利的信息服务平台。另一方面，要完善科学的绩效评估制度。提质增效、改善民生是新时代我国全

① 史小强，戴健，程华，等．政府在购买全民健身公共服务中的角色偏差与矫正［J］．成都体育学院学报，2018，44（1）：27．

② 付冰，王家宏．我国公共体育服务建设引入信息披露制度的研究［J］．北京体育大学学报，2018，41（5）：10．

民健身公共服务绩效管理体制改革创新的任务目标，① 因此，要拓宽民主化的监管和评估机制，促进健身利益的表达和服务关切的回应，统筹体制内外政研力量、主体执行与问责流程，促进绩效评估的民主性、回应性，有利于公共服务效率和质量的提升。

（二）省域层面——浙江省

发展高质量全民健身公共服务，不仅要补齐短板，更要做好顶层设计，最大限度地调动社会力量广泛参与，积极利用政府主导的多元主体合作模式，以实现全民健身公共服务长期、有效运营。当前，浙江省已实现城乡"15分钟健身圈"便民体育设施全覆盖。同时，还在全国率先启动创建体育现代化县（市、区）、率先建立全民健身发展指数评估制度、率先全面推进公共体育场馆服务大提升，不断推动全民健身公共服务优质共享。②围绕全民健身公共服务均等化和多元化目标，浙江省在顶层设计层面打出了政策驱动和保障的组合拳，既包括了发展规划，也包括了各种办法规范和标准，各个击破，以补齐全民健身公共服务的短板，实现充分且均衡的供给。

早在2007年，浙江省就制定了《浙江省全民健身条例》，以推动全民健身的开展，保障公民参加健身活动的权利，增强全民体质，促进社会和谐。以及每五年发布一次的《浙江省全民健身实施计

---

① 史小强，戴健. 新时代全民健身公共服务绩效结构模型的构建与实证研究：基于"以人民为中心"价值取向的量度 [J]. 体育科学，2018，38（3）：13.
② 全民健身"浙江骄傲"如何打造？满足人民多元化健身需求 [EB/OL]. 浙江省体育局官方微博，2022-04-21.

划》，作为全民健身公共服务领域最高层级的顶层设计文件，是指导全省在未来一段时期全民健身发展的战略性、综合性、指导性文件。如《浙江省全民健身实施计划（2011—2015 年）》中指出未来五年要基本实现体育公共服务均等化，形成便民、利民的全民健身公共服务体系；《浙江省全民健身实施计划（2016—2020 年）》中指出通过政府主导、部门协同、全社会共同参与，基本建成与高水平全面建成小康社会相适应的，更加完善、惠及全省人民的全民健身公共服务体系；《浙江省全民健身实施计划（2021—2025 年）》中则指出要加快推动建成覆盖城乡、便民惠民、持续发展、不断完善的全民健身公共服务体系。

除了针对全民健身公共服务领域专门制定的顶层政策文件外，在一些整体战略性、综合性政策文件中，也会涉及全民健身发展的重要目标、宏观布局和未来方向。如《浙江省体育发展"十三五"规划》明确提出，实施"四提升四覆盖"工程，基本建成"全覆盖、高水平"的公共体育服务体系；《浙江省体育改革发展"十四五"规划》进一步指出，打造城市社区"10 分钟健身圈"，打造全国一流的全民健身综合体，打造全民健身服务惠民先行区等，构建更高水平的全民健身公共服务体系。再如浙江省首次发布的数字体育建设五年规划——《浙江省数字体育建设"十四五"规划》中指出，打造集全民健身、训练管理、赛事活动、体育产业为一体的省体育公共服务管理综合应用，推进一批多跨应用场景，重点打造"一张图、一件事、一指数"，"一张图"即全民健身地图 2.0 版，实现公共体育"一站式"服务；并且"数字体育"作为八项着重打造的公共服务类重点应用之一，被纳入《浙江省数字政府建设"十四五"规划》中。以及《体育领域高质量发展推进共同富裕示范区建设行动方案（2021—2025年）》中指出，着力推进公共体育服务普惠优质共享，到2025年，基本形成全覆盖、均等化的全民健身公共服务体系，建成体育健身"15分钟公共服务圈"。《浙江省人民政府办公厅关于高水平建设现代化体育强省的实施意见》提出，打造城市社区"10分钟健身圈"，高质量实现行政村体育设施全覆盖。

全民健身公共服务体系的建设，包括全民健身场地设施、全民健身赛事活动、全民健身组织、全民健身科学指导服务和全民健身体育文化等内容。浙江省不仅在整体上对全民健身公共服务发展进行顶层设计，而且对于全民健身公共服务的各个领域也进行相应的宏观规划。如2016年1月1日起施行的《浙江省社会体育指导员管理办法》，就是为了加强全省社会体育指导员队伍建设，规范对社会体育指导员的管理，更好地发挥社会体育指导员在全民健身活动中的作用。2019年3月，浙江省市场监督管理局正式发布《体质测定与健身指导技术规范》地方标准，推动了全民健身科学化和标准化进程。2020年6月，《关于推进全省公共体育场馆服务大提升的实施意见》的印发，对公共体育场所的快捷服务、便民服务、硬件改造、公益服务、运营管理、环境改造、文化氛围、智慧场馆建设8个方面提出具体举措，旨在推动"最多跑一次"改革理念向公共体育场馆延伸覆盖。2020年10月，省政府制定发布了《浙江省公共体育设施管理办法》，以促进浙江省公共体育设施的建设，加强公共体育设施的管理，提升公共体育设施的供给能力，将公共体育设施管理纳入法治轨道。2020 年 11 月，浙江省体育局制定印发《浙江省体育局关于开展"环浙步道"建设工作的意见》，启动编制《"环浙步道"总体规划》，完成《健身步道建设规范》（地方标准），以增加健身设施有效供给，打造环浙山上运动之道。

浙江省在推进全民健身公共服务高水平发展过程中，注重顶层设计，从面到点，绘制了短期以及长远的全民健身公共服务蓝图，形成了一套科学规范的制度体系，让全省的全民健身工作从省级到各地市乃至基层都有目标可追、有章可循、有法可依，走上制度化管理道路。以制度保障为支撑的全民健身公共服务管理方式，有利于统筹全省各领域的公共服务资源，还能促使各参与主体更负责地行使应有的权利和履行应尽的义务，携手推进全民健身公共服务覆盖全民、造福全民。

（三）市域层面——温州市

温州市不断擦亮"体育让生活更美好"城市品牌，持续推进体育改革发展走在全国前列，打造了中国体育改革的"温州模式"，在全民健身方面也取得了丰硕的成果，仅在 2021 年，新建"百姓健身房" 57 家，举办各类群众体育赛事活动近千场，参与人次超百万。[①]近年来，温州市体育局获得了 2017—2020 年度全国群众体育先进单位、浙江省第十四届全运会群众赛事活动突出贡献奖等荣誉。温州市在发展全民健身过程中积累的诸多经验，被全国各省市借鉴学习，

---

① 温州市体育局 2021 年工作总结和 2022 年工作思路 [EB/OL]. 温州市体育局官网，2022-02-28.

如"百姓健身房"案例，被人民日报整版报道，更被纳入中共中央办公厅、国务院办公厅印发的《关于构建更高水平的全民健身公共服务体系的意见》，向全国全面复制推广，其之所以成功，也离不开市级层面作出的顶层设计。

早在2005年1月，温州市就印发了《温州市体育发展规划（2004—2020年）》，这一中长期顶层设计的提出形成了完善的全民健身服务保障体系，国民体质主要指标接近或达到中等发达国家水平的总体目标。紧接着，2006年7月6日，中共温州市委办公室、温州市人民政府办公室印发《温州市体育强市建设实施意见》，其目标之一就是至2010年，提高全民健身意识，建立、完善群众体育组织网络和服务体系，建设一批群众体育锻炼的场地设施，以乡镇、社区为重点，强化政府的公共服务，夯实群众体育基础，提高全民健康水平。2012年，温州市体育局决定在其系统开展全民健身服务大行动，于是在当年5月，制定《温州市体育局全民健身服务大行动总体方案》，其目的在于促使《全民健身计划（2011—2015年）》各项服务措施进一步得到落实。2012年11月，《温州市全民健身实施计划（2011—2015年）》印发，指出到2015年的总体目标是，群众体育普及程度明显提高，广大群众的体育健身意识进一步增强，经常参加体育锻炼人数明显增加，全民身体素质和健康水平不断提高，基本实现体育公共服务均等化，形成便民、利民的全民健身公共服务体系。2016年8月，《温州市"十三五"时期体育事业及体育产业发展规划》发布，提出了到2020年实现温州市为"全民健身公共服务地市级示范市"的总体目标和体育公共服务能力进一步增强的具体目标，将全民健身事业经费纳入财政预算，充分调动社会力量的参与。

2017年9月5日，国家体育总局与浙江省人民政府签署协议，全国唯一的社会力量办体育试点正式落户温州，就此温州市全民健身公共服务发展步入了新的征程。2020年3月，温州市发布《温州市百姓健身房管理办法》，4月印发《温州市百姓健身房星级评定办法（试行）》，通过系列政策和法规的制定，推动"百姓健身房"常态化运营和可持续发展，完善全民健身公共服务体系。同年8月，温州市发布全国首个《百姓健身房建设与服务规范》地方标准，填补了我国社会体育相关标准的空白；也是在这一年，"百姓健身房"被中共中央办公厅、国务院办公厅联合印发的《关于构建更高水平的全民健身公共服务体系的意见》向全国推广，并被浙江省列入"重要窗口"绿箱成果。截至2021年年底，温州市人均体育场地面积达到2.47平方米，经常参加体育锻炼人数（不含学生）比例达到29.4%，国民体质合格率达到94.2%，位居全省前列。① 此外，鹿城区和瓯海区通过"省级认定"，成为首批浙江省体育现代化区；龙湾区、乐清市和平阳县则入选2022—2024年（第二批）浙江省体育现代化县（市、区）创建单位名单。

在党的二十大召开之年，温州市体育战线更是紧抓各种契机，借势借力高水平打造运动之城，为打造高质量发展、建设共同富裕示范区市域样板做出全民健身更大贡献、彰显全民健身更大作为。

---

① 让群众乐享运动！温州交出群众体育高分答卷［EB/OL］. 温州新闻网，2022-05-24.

2021 年 8 月 11 日，《温州市体育发展"十四五"规划》印发，其中提出，加大体育现代化县（市、区）工作创建力度，构建现代化全民健身公共服务体系，打造运动健康城市。2022 年 5 月 13 日，《温州市全民健身实施计划（2022—2025 年）》发布，明确提出建成城市社区"10 分钟健身圈"，高质量实现行政村体育设施全覆盖的总体目标，以及以数字化为引领，聚焦数字赋能，围绕"体有所健"，大力推进全民健身数字化改革的主要任务。与此同时，温州市委市政府把人均体育场地面积指标，纳入共同富裕示范区市域样板建设县（市、区）党委政府考评目标指标体系，为全民健身公共服务体系提供了制度保障。

温州市全民健身的蓬勃发展，不仅由于其全面贯彻和实施了国家层面有关全民健身发展的一系列战略目标，而且也因为其充分践行和落实了浙江省全民健身公共服务体系的建设任务，并在全市层面进行统筹和规划，从而走出了温州特色，形成了温州经验。温州市在全民健身公共服务发展领域的顶层设计，既具有长远性，也考虑了阶段性；既具有全局观，也体现了以点突破的创新思维；既能抓住各种重要的契机借势借力，也能挖掘本土优势打造地方"金名片"。更为重要的是，温州市在设计全民健身公共服务顶层方案的过程中，始终以"体育让生活更美好"为宗旨，以"加快打造全民健身、全民健康、全民幸福的城市"为目标。

二、数字赋能，构建"一站式"服务平台

（一）"一站式"服务平台的价值与设计

全民健身与现代科学技术相结合，通过数字赋能培育公共服务的新态势，是构建更高水平全民健身公共服务体系的时代要求。数字技术赋能促进全民健身公共服务供给精准化、服务智能化、治理智慧化，为推动服务高质量发展提供技术支持，也是社会治理模式发展中的应然之举。① 数字赋能将人工智能、物联网、大数据、云计算、5G 技术、虚拟现实等融入全民健身，其成果显现为智慧化健身配套设施建设、智能体育场馆建设运营、精彩体育赛事组织举办、智能可穿戴设备设计生产、智慧体质监测跟踪服务、智能健身计划制度干预等。② 数字赋能催化全民健身新模式、新形式、新概念、新方法，不仅促进科技感十足的硬件设施亮相和应用，而且帮助搭建"一站式"的智慧软件和信息服务平台，打通公共服务供给、使用、监管之间信息的互联互通，使得群众健身需求得到有效表达，公共信息便捷反馈和高效整合。全民健身公共服务数字化治理遵循"技术嵌入—技术驱动—技术优化"的运行逻辑，技术嵌入是运行的基础条件，技术驱动是核心机制，技术优化是实践目标。数字技术和

---

① 孙晨，李荣日. 数字时代全民健身公共服务治理现代化：现实困境与实践转向 [J].
沈阳体育学院学报，2022，41（3）：117.

② 房英杰，王子朴，张政龙，等. 新时代中国特色社会主义全民健身的困境与有效路
径 [J]. 哈尔滨体育学院学报，2022，40（3）：65.

信息迭代为全民健身治理平台建设和治理工具创新提供了强大的引擎动力，技术嵌入顺势而为将公共服务的呈现形式、包含内容、亲民体验推向新阶段，为服务监测、跟踪改进、智慧治理提供高效、省时、省力、直观的工具，将人们的创新诉求和活力畅想转化为现实。

技术驱动治理变革，供给侧促进全民健身公共服务从基础设施、技能培训、要素保障向信息服务、营销服务类别扩展，丰富多元主体的进入方式和政府购买服务的目录品类，改善体育公开信息获取方式闭塞和群体知悉度参差的问题。在受众一端技术驱动加深加大对全民健身公共服务的认知教育，形成对健身和体育消费的理性认识，鼓励社会和私人资本融资态势，促进官方信息和民众的连接和有效传达，提高时效性和一致性，使其成为服务评估机制中重要的监督和评价主体，实现需求和服务创新匹配。这些都切准全民健身公共服务治理体系建设的主要环节、关键组成、成效目标和典型问题，借助数字技术提供解决手段，以通畅治理流程使其正向发展。技术优化伴生于数字赋能治理过程当中，全民健身公共服务的运作是动态化、发展性的，实践中涌现的痛点、堵点、难点，需要数字技术的补充和调试，提供智慧方案的选择和优化路径。由于新技术和新产品仍处于局部试炼，对其安全和管理仍需追踪和密切关注。以技术搭建综合管理平台、以技术剖析问题肇因、以技术简化服务获取方式和简明使用阐释，唯有不断通过技术优化才能形成可推介、全面化的智慧应用程序和平台，孵化智慧化服务转化机制和系统，追求精准、精心、精致、精益的服务体验和优质成果。

国内全民健身公共服务信息系统和平台体系内容大致分为政策法规新闻、健身地图、场馆预订与个性化服务、用户社交网络终端应用、健康管理五个层次。① 其中，资讯推送和健身地图功能占据了绝大部分，而对个性化服务和健康管理、用户健康档案技术的探索还比较浅显。这些服务平台大多是地方实践和政府购买的结果，在技术嵌入和运营方面还比较稚嫩，在信息资源表现上还较为割裂和重复。采用数字技术优化全民健身公共服务，在线上平台和实用程序的实践中发现，有助于提高体育场馆的利用率，扩大全民健身参与度。囿于对城市全民健身场地设施的基本情况认识不全，以及有限资源条件下人均水平的限制，人们的蜂拥而至容易造成人员的排队和拥挤，极大拉垮资源使用效能，而数字技术通过便捷清晰的方式，向人们提供不同水平和类型的体育资源的使用和闲置情况，方便人们的到达和时间调度。数字技术对体质健康的测度，为数据收集和统计分析提供便利，既能检验全民健身公共服务的投入实效，也能配合个人健康管理定制，切实为全民体质健康发展助益。在移动化和网络化趋势下，数字技术应用公共服务，将融入人们的日常生活，数字技术伴生的信息服务和"一站式"平台，作为人们喜闻乐见的健康工具，不仅可以引起对健身类信息的关注度、可信度和利用率，而且可以提高人们的健身活跃度、交流和讨论热情。

因此，数字技术赋能全民健身公共服务，搭建综合服务平台，要以数字服务的内容和平台设计提质创新为中心，通过优质信息和

① 王定宣，易世君，刘中强，等. 全民健身公共服务网络化：一站式信息资源服务平台建设研究［J］. 山东体育科技，2015，37（4）：111.

使用体验引流宣传，扩大适用人群范围和提高使用意愿，完善运维、监督的长效机制。从技术储备上，要依托人才和科研，加强智慧化应用技术和产品的研发，促进产品和界面设计的更新升级，扩大服务应用场景和跨界融合。从内容设计上，要综合考虑公共资源的属性和市场定位、全民健身群体的层次和类别，① 建立多维多级的平台结构，加快对接公共、学校、个人等多类型体育场馆。在横向的健身中心、公园绿地、健身路径等场地设施，信息、医疗、旅游服务等信息资讯平台和全民健身大数据采集分析上，提升"一站式"平台的兼容性和丰富性，顾及不同群体的偏好和个性化需求，助力健康评价、健身指导、运动预警子系统的成熟。在纵向的层级管理中，随着同质化应用程序和网站的涌现，以及综合示范区域智慧化的成功实践，要在良性竞争和借鉴学习中创新模式，促进数据的共享、业务的协同，推动建立全国性信息公开和资讯平台建设，改变地区实践的孤立化和信息的片面化，统筹公共服务的均等化和管理的高效化。

最后，从安全管理的角度，数字化平台的采用要格外注意用户个人信息的保密和隐私安全，在数据自动采集、平台接口、数据传输、技术规范性上遵从政策文件和现有制度的规定。在管理上健全政府指导和市场运作的管理模式，兼顾全民健身的公益性和市场机制的市场化，在政府购买服务和个人公共体育消费投入上，给予市场应当的自主性。在打响服务平台知名度和增加受众群过程中，宣

---

① 辛梦霞. 湖北全民健身公共服务平台建设初探：以"去运动"APP 为例 [J]. 体育文化导刊，2016（6）：22.

传推广发挥着重要作用。数字技术给全民健身公共服务的锦上添花，实际仍是通过受众的使用感受和续用选择来反馈，对数字化平台的孕育孵化，除了其实质性内容的填充和出彩，也要重视经费和资金安排向宣传推广流入。由于公共服务类互联网产品的属性和特质，在同类产品中其推广难度较大，用户稳定性较差，因此需要借助官方力量的积极引导，在提升平台设计趣味性、便捷性、互动性、知识性的基础之上，扩大其宣传推广的知名度和采纳度，以扩大服务的覆盖面，同时在使用体验精益求精的过程中反推技术迭代的平台服务升级。

（二）浙江省的"浙里健身"应用

2021 年 11 月的浙江省体育工作会议明确提出，浙江要围绕建设国家体育数字化改革先行区，聚焦人民群众"体有所健"，推动数字化改革工作体系与体育工作相衔接，打造数字体育 2.0 版"金名片"，让数字化引领全民健身的改革发展成果惠及每一位浙江人，让全民健身运动更有活力。2022 年 4 月，浙江省发改委举行数字社会多跨场景应用评选，浙江省体育局"浙里健身"应用在全省 21 个数字社会场景应用中脱颖而出，入选数字社会案例集（第六批）。该应用包括全民健身、热门服务、办事事项、联盟应用等内容栏目，并依托"浙里办"平台，汇集体育场地、赛事活动、健身指导、体育组织等场景服务，实现"找场地、找活动、找组织、找指导"，打造体育健身"15 分钟公共服务圈"。截至 2022 年 4 月 25 日，"浙里健身"应用已覆盖全省 130 多家公共体育场馆、1000 多家城市百姓健身房、8万多个体育场地，基本实现了掌上查询、导航、预约等功能，累计整合体质监测站点 100 个，上线赛事活动 809 场，注册社会体育指导员 165,770 名，提供科学健身视频 497 个，服务人次达235 万。①

"浙里健身"着眼于解决群众健身的高频需求和关键问题，围绕找场地、找活动、找指导、找组织四个子场景进行数字化赋能，不仅能够满足市民户外运动、群众赛事活动、体育社群和场馆健身等基本需求，还可以提供体质测试预约、教练指导、科学健身等专业化服务。此外，这种便捷的"一站式"全民健身公共服务平台，也有利于行政部门进行信息查询和资源整合，以及掌握全民健身大数据，从而运用数字化技术和数字化思维对全民健身治理的体制机制、组织架构、方式流程、手段工具进行全方位系统性重塑，不断提升群众体育治理水平，为市民提供更加精准和优质的全民健身公共服务。

"浙里健身"应用的首页共设置了 6 个栏目，即"公告""全民健身""热门活动""热门服务""办事事项"和"联盟应用"。其中"公告"一栏是海报加文字的循环滚动，呈现的内容一般是浙江省体育局的最新动态；"全民健身"一栏包含体育场地、训练竞赛、健身指导和体育组织 4 个板块；"热门活动"一栏是活动预告海报的不断滚动；"办事事项"一栏则是一条一条的文字通知，这里可提供活动站点审批、高危体育项目许可证、赛事活动举办审批等事项有

---

① 体有所健，活力浙江！浙江省体育局"浙里健身"应用入选省数字社会案例集［EB/OL］. 浙江省体育局官网，2022-04-25.

线上和线下两种办理方式，需要线上办理的事项操作简单又快捷，需要线下办理的事项信息全面又准确；"热门服务"栏目，2022年8月进行了更新，增设了"老年体育服务"板块，将"体有所健"的理念进一步落实在关注老年人的运动情况中，"15分钟公共服务圈"升级为"10分钟健身圈"，于是当前该栏目一共有8个板块，即健身地图、百姓健身房、社会体育指导员、校园健身、体质测试、10分钟健身圈、老年体育服务和全域户外；"联盟应用"一栏整合了具有当地特色的地市体育服务，目前链接了"天台县基层体育委员"和"嘉兴市社区运动家"2个。

"浙里健身"应用是依托数字化改革在全民健身领域的成果，它连接起了全民健身公共服务各要素与市民之间的跨时空桥梁，同时它还开发了适合老年人的实用功能，使其跨越了"数字鸿沟"，是名副其实的民生项目。该应用信息全面、服务多维、操作简单又快捷，注册用户点击任意一个栏目中的任意一个板块，就能轻松获得相应的服务内容信息，满足了人们选择不同运动方式且希望高效健身的运动需求。接下来，浙江省体育局将吸纳一大批高颜值、高标准的亚运场馆，入驻到"浙里健身"并对市民优惠开放，包括杭州游泳健身馆、杭州体育馆、大小莲花等亚运场馆，以及钱塘轮滑中心、富阳银湖体育中心、桐庐马术中心场馆等新建场馆，带给市民一种全新的体验。

在浙江全面推动数字化改革的进程中，浙江数字体育不断领跑，其聚焦体育领域健身高频需求，围绕百姓去哪里健身、如何科学健身等关键小事，开发建设了"浙里健身"一站式公共服务应用。这

图 13 "浙里健身"首页板块内容

图片来源："浙里健身"应用截图.

是浙江省运用数字技术手段整合体育服务资源、优化服务界面、提升服务效率的探索成果，一方面，它抓住了现代群众的需求，让市民真切地享受到数字体育、智能服务带来的改革红利，激发了全民的健身热情和乐趣；另一方面，它用数字赋能省域体育治理，即收集体育场地、赛事、训练、产业等各维度数据，建立分析和展示模型，厘清"体育大脑"一本账，形成了可视化体育治理端"一屏掌控"，推进了体育治理体系和治理能力的现代化。此外，浙江省体育局以浙江省数字化改革总体架构为依托，以"浙里健身"应用为载体，通过各种措施鼓励各市县体育部门结合自身实际，创新建设具有地方特色且与全民健身公共服务有关的数字化平台，从而实现场景应用"一地创新、全省共享"。与此同时，浙江省全省系统持续推进体育数字化改革，不断优化并升级"浙里健身"体育公共服务应用，如通过"体育大脑"重大改革举措，提升公共体育场馆、机关（企事业单位）体育场地开放，百姓健身房管理，体育公园及亚运场馆等场地设施服务水平，并协同推进体质测试、户外运动、赛事活动等多场景建设，让越来越多的构想搭乘智慧体育快车，走向实践运用。

（三）嘉兴市的"运动家"智慧体育社区

在数字社会已经成为人们"日常生活"的当下，嘉兴市抓住数字化改革契机，通过"互联网+体育服务"新模式赋能全民健身公共服务体系建设。2020年6月，嘉兴市启动"运动家"智慧体育社区建设项目，该项目以数字化改革赋能全民健身公共服务体系均等化、标准化、智慧化发展为契机，按照"政府扶持、社会协同、公众参与"的原则在城乡社区单位推进和实施。该项目旨在营造健康文明、睦邻友好的"社区大家庭"运动生态，建设市域"一体化"数字平台，实现供给对象全覆盖、供给主体多元化、供给内容精准化、过程成果数字化、管理方式社群化，满足人民群众对体育健身多层次、多样化和就近运动的需求。"运动家"智慧体育社区着眼于全市域、全人群、全周期的全民健身公共服务流程再造和制度创新，借助移动互联网、云计算、大数据、物联网等现代信息技术手段，推动全民健身智慧化服务，成功打造了全民健身、人人参与、实时互动的运动新生态。截至2021年3月16日，全市建成智慧体育社区85个，注册使用人数48075人，在线体育场地设施1267个，注册体育社群684个，社会体育指导员465人，累计运动时长11,293,937分钟，组织赛事活动319项次，参与运动156,914人次，受到居民群众的普遍推崇和好评。①嘉兴市此项举措，有效地将运动融入市民生活，引导市民形成更加积极向上、健康文明的生活方式，同时也有利于基层社区治理秩序的优化。

"运动家"智慧体育社区的载体是"社区运动家"微信小程序，它以"2+X+IOT"智能物联模式为支撑，连接室内、室外2类体育场地设施以及社区中其他公共体育场地设施、学校、公园等X个公共空间，即"一站式"地集成了全民健身公共服务的"全要素"，能够向居民提供场地可查、社群可加、指导可得、培训可享、赛事可乐、挑战可约、精彩可秀、积分可奖和健康可知9大应用场景。市民在小程序上进行注册后就可获得一个个人运动账户，依托这一个人运动账户，市民可以享受9大应用场景中的服务，也可组建社群或者参与社群，以及预约社会体育指导员进行健身指导。并同步配置体质测试一体机，让体育参与者能够全面掌握、评估自身运动机能和素质，实现个人运动素质评估和健身方案全程指导。而市民通过运动参与获得的积分可以用来兑换平台上的各类小奖品，体验

---

① 嘉兴市体育局创新实践，数字化改革赋能社区体育发展［EB/OL］.浙江省体育局官网，2021-03-30.

感随之增强。体育局作为管理者，则可以通过小程序后台的驾驶舱模块，实时查看以区县为单位的每日注册人数、活跃人数、活跃社区、社群、活力之星、社会体育指导员等反映基层体育工作成效的数据排行，弥补基层体育工作督查力量的不足，倒逼提升基层全民健身公共服务效能。该项工作还在继续推进和优化，与此同时，嘉兴市又瞄准"服务提档、能级跃升"，推动首批85个"运动家"智慧体育社区进行"迭代升级"，打造"社区运动家"2.0版。

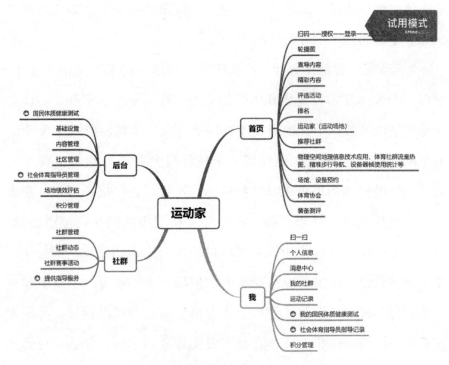

图 14　"运动家"智慧体育平台建设内容

"社区运动家"作为具有全国辨识度的全民健身领域数字化改革创新成果，入选浙江省政府"观星台"项目、浙江省数字社会改革第一批"揭榜挂帅"重点项目；并在2020年全国"全民健身公共服务体系建设培训班"上被作为典型经验交流；受到中央电视台、人民网、中国体育报及公众号等主流媒体关注并高频报道。① 通过该平台，市民在参与体育活动时有伙伴一起，进行健身时有教练指导，一直坚持就会有各种激励，此外在平台还能进行"PK"活动，平台上的各种体育社群更是充满了活力。这是一个富有张力的平台，是一个能够持续吸引广大市民参与互动的平台，它以平台黏性和运动韧性不断扩容体育朋友圈，修补了线上活动与线下健身之间的裂痕，使得两者形成互补，也融为了一体，让市民切实感受到了智慧体育的魅力。

天星社区作为嘉兴市秀洲区首个"运动家"智慧体育社区，其结合区域规划，实施"4+9+2"（"4"是指4个综合运动场地；"9"是指社区内4个点位中的9个"扫码"运动打卡点；"2"是指2个"运动家"休闲驿站）工程，推进"智慧社区·运动家"试点项目，并在全民健身运动的推广上，不断尝试新的载体和形式，如举办趣味运动会、"体测进社区·健康送到家"、形体公益课等活动。天星社区的这些有益探索，既给群众提供了高品质的运动去处，也是疫情防控常态化下把体育活动与赛事有序而安全地下沉到基层、满足群众参与体育活动的新时代需要，更让原本利用率不高的体育运动场所通过数字化管理提高使用率、让政府在基层体育设施建设上更加有的放矢。② "运动家智慧体育社区"是利用每个社区的自由建

---

① 《焦点访谈》聚焦嘉兴"社区运动家"：不仅量身定做，还有科技加持 [EB/OL].浙江省体育局官网，2021-08-17.

② 油车港镇天星社区成为嘉兴首个"运动家"智慧体育试点社区 为美丽城镇添砖加瓦 [EB/OL]. 浙江在线，2020-07-29.

筑，配以数字化平台管理，并为居民建立具有个性化的个人运动账户，详细记录每个人的运动轨迹，添加各类打卡、积分、兑礼品等趣味活动的一种服务模式，是典型的"互联网+"思维，它在不断增长的全民健身需求和体育场地设施等资源之间架起了一座无缝对接的"桥梁"，同时也促进了人与人之间的良性互动交流。

嘉兴市围绕构建人的全生命周期全民健身公共服务优质共享的新机制，打造了"体有所健"一站式典型应用——"社区运动家"，构建了全民健身"城市大脑"—"四级驾驶舱"—"基层细胞"的市域数字化管理平台，形成了市、县、镇、村四级权限、协同联动的 G2B2C 三维智治体系，为推动全民健身科学化、高质量发展提供了有力的数据支撑。

三、基层网格化，打造"三员"工作方式

（一）"三员"工作方式的内涵与作用

网格化治理是运用科层理念，融技术创新和组织制度变革为一体，依托数字技术手段，在基层社会组织场域按照一定的标准细分为若干网格单元，推进社会共建共治共享的一种细化治理模式。全民健身网格化治理，是深化体育领域"放管服"，促进多元主体民主协商治理的转型。在维护政府和行政管理部门制度和顶层设计权威、科学主导和监督的前提下，充分激发民众、社会组织活力和个体能量，通过组建基层网格员队伍，遵从为民办事的服务理念，将公共

服务链条、行政职权、治理资源延伸到基层网络,[①] 用更精细化、个性化的公共服务模式,提升基层治理的效能。其实质是推动社会治理和服务重心向基层下移,实现公共资源共享、体育公共服务供给及体育管理下沉到基层的"多网协同整合",[②] 以实现对网格内人、物、事、情的全天候、实时化、动态化、智能化管理和服务,试图形成一个全方位、多维度、高韧性的现代基层治理体系。[③]

全民健身公共服务的基层网格化治理,有利于提升基层治理效能,严密基层社会组织架构。传统公共服务的层级层次,自上而下地逐级递接,在基层形成"区—街道—社区"的三级管理架构,而网格化治理理念,增加了网格单元新的治理层级,[④] 通过资源的下沉和服务团队的创建,丰富基层治理的人员配置和体系配备。网格单元作为全民健身公共服务行政架构中直接、亲密、基础的部分,具有直接触及全民健身受众、密切联系全民健身需求、夯实全民健身基础工作的优势和职责。基层网格的有限规模,有利于工作精细化、常规化、全面化开展,对民众的全民健身情况进行直接和直观的把控,对公共服务的缺陷不足和矛盾问题进行直接和迅速排查和反馈,对基础信息和体质数据实地大量一手获取,因此生活化网格单元嵌入可以灵敏灵活地进行动态化监测和治理。基层网格的人员组织,

---

① 万华颖. 新时代基层网格化治理的运行逻辑与优化路径 [J]. 重庆邮电大学学报(社会科学版), 2021, 33 (6): 108.

② 张巧, 陈乐, 林立. 基于云平台构建全民健身网格化治理的实践路径 [J]. 闽江学院学报, 2021, 42 (5): 104.

③ 唐皇凤. 新时代网格化管理的核心逻辑 [J]. 人民论坛, 2020 (20): 17.

④ 祁文博. 网格化社会治理: 理论逻辑、运行机制与风险规避 [J]. 北京社会科学, 2020 (1): 22.

有利于发动社会力量、动员民众热情。在全民健身公共服务提质增效的目标和均等化推进实施的情况下，一方面是更广泛、更精细、更高标准的部署，另一方面又面临着政府精简、人员减少的矛盾，因此发动基层的民主自治成为重要的突破口。基层网格服务站点的组织，部署于人们熟悉的领地，直接关系人们的切身利益。出于丰富人们的精神文化生活内容、提升社区人居环境质量、提高人们的全民健身获得感幸福感的目的，引导城乡居民、物业人员、自治组织以及其他志愿者跨入基层网格自治流程，参与全民健身服务走访、服务全民健身网格事务、联动上级网络和执法部门,① 从而提升基层架构的严密性和提高基层的治理效能。

　　全民健身基层网格治理，有利于促进互动协商，巩固多元主体协同机制。我国全民健身的治理实质是政府与社会力量的二元主体互动，双轨制下的互动激励迸发全民健身的浪潮化。基层网格化，代表着社会治理理念从综合统筹管理秩序化偏向以人为本、为民服务的重心，向扁平化、简洁高效化的基层管理的重心下移。全民健身组织体系网格化，纵向上需要加强各体育部门和组织的联动，横向上需要体育部门和非体育系统组织的合作联通。在单项协会、俱乐部、企业等重要主体之外，也要重视对文体站、全民健身活动站点、社会指导员和网格志愿服务者潜力的挖掘及体系的支撑作用。基层治理网格化，作为政府社会治理条线下的细胞，发挥着维护政府主导权威、保证政府宏观把控的作用。通过治理网格单元细化，

<hr/>

① 戴志鹏，王岗. 我国全民健身的工作格局变迁与政策体系演进［J］. 武汉体育学院学报，2017，51（11）：12.

保证对网格内全民健身的可控性和规范性，防止非法组织渗入和破坏，巩固和持续推进公共服务建设的稳固成果。同时，基层网格化治理也为社会力量赋权增能，与社会良性互动，将网格系统打造为制度化协同治理空间。各工青联社会组织、行业协会等"条形"体育组织，健身俱乐部等"块型"草根组织，居委会等居民自治组织，科研所等学术机构，新闻媒体和各界人士的广泛参与、自我管理、自我服务，不断夯实基层治理的基础，联通全民建设公共治理的社会协作网络。

因此，推进全民健身公共服务的基层网格化治理，需要完善基层网格的结构部署和制度体系，鼓励基层管理部门在全民健身中的自主性和创造力。从健身需求和偏好内容出发，在健身路径打造、健身器械配备、健身工具使用等环节，在服务资金供给、服务内容供给、服务过程监管、硬件设施维护等流程，依照地区差异、区域规划、经济发展水平、居民素质等基本情况，开放网格自治的限度和具体操作的保障举措，给予相应的政策扶持和管理指导。要加强网格组织建设，除了庞大的网格员服务队伍，也要加强党组织建设。通过网格党建的延伸，衍化基层网格内"点、线、面"的辐射。在支部规模内，支部委员不仅承担着网格指导员、微网格长等职责，而且要通过宣传交流，引导凝聚基层网格共识的一致，嵌入组织价值和思想认识，从而通过以身示范、民主协商的方式在基层民众中发挥影响力和号召力，充分彰显党建队伍在网格化治理中的政治优势，进一步释放和挖掘基层治理的内生动力。同时，也要鼓励基层网格管理的创新创造，尤其是面临新形势和新挑战。受新冠疫情的影响，一方面民众的健身形式和内容发生了转变，另一方面公共场地的健身活动风险预防和应急处理需要打好提前量，需要基层治理的下沉和志愿服务的动员，促进居家健身和社区健身的普及推广以更好地服务民众。① 因此基层网格工作需要做好大众需求的调研，因地制宜地转换工作方式、制定区域专项政策，打通公共服务"最后一公里"，提升组织治理能力和水平，提炼规范的工作制度和可借鉴的经验。

另外，全民健身治理"网格化"互动协商模式的形成，也需要加强多元主体的合作，打破一元治理的垄断，探索多要素参与、多部门融合的"体育行政部门+"治理结构。② 政府要回应和服务基层网格治理全民健身公共服务的趋势，通过财政补贴、政策扶持等专项工作的推进为其打造宽松有利的社会环境。政府通过清单形式明确职能部门进入基层网格的准入规则、具体项目、操作流程、职权划定和问责机制，严格监督职能部门的行政工作。各级党委、政法委、编办参与清单制度的制定和完善流程，参与网格队伍的组建和培训过程，通过网格员定岗定责、专业培训，形成一支高素质的人才队伍，并通过完善激励和保障机制吸引和留住人才。因此，通过内在激励、外在监管的统筹，通过政策机制和多方主体的契合协同，有效结合相关要素、优化治理架构和资源配置，进而发挥合力助力全民健身公共服务治理现代化。

---

① 万发达，孟昭雯，邱辉. 新时代体育志愿服务参与体育治理的困境与消解 [J]. 体育学刊，2022，29（3）：70.

② 李龙. 全民健身治理现代化的机遇、挑战与路径 [J]. 体育学刊，2017，24（5）：34.

（二）天台县基层体育委员工作机制

2019年，浙江省天台县为真正打通全民健身基层公共服务"最后一公里"，延伸全民健身工作在农村的"触角"，探索建立乡镇、村社"体育委员"工作机制，即在乡镇（街道）、村（社区）配备专兼职"体育委员"，来专门负责宣传、发动、指导群众广泛参与体育锻炼、组织体育赛事、传播体育文化等基层体育工作。这一年，天台县开始着手推进基层体育委员有关工作，在全县选聘合格的基层体育委员，并围绕"一选二定三管四服务"的工作方式，建立管理机制，明确工作职责，完善评估机制，设立专项资金。即天台在全县374个行政村、21个社区，分别选聘一名村级（社区）体育委员，再将395个基层单位共划分为57个片区，每个片区设置一名片区体育委员，统筹管理万人左右（6~10个行政村，或2~3个社区）的体育工作。①

为了进一步推进基层体育委员规范化建设，2020年4月17日，天台县人民政府印发《关于印发天台县推进基层体育委员工作实施方案的通知》，全县推广基层体育委员工作，不断完善体育委员管理机制，制定体育委员职责、评估机制、体育服务超市"你点我送"办法、体育委员工作站星级评估办法等16项制度。紧接着11月24日，台州市人民政府印发《关于建立基层体育委员工作机制的实施意见》，由天台县首创并先行试点的基层体育委员工作在台州全面推

---

① 天台县统计局关于2020年全县经济和社会发展的统计公报［EB/OL］. 天台县人民政府网，2021-04-07.

广。该项工作受省、市领导肯定，并在台州市发文推广，荣获 2020
年度浙江省体育改革创新奖，被进一步推广到全省各地市。2021
年，"体育委员"数字应用入围浙江省省级"揭榜挂帅"榜单，构
建乡镇（街道）体育委员工作阵地，成功搭建 1 个三星、7 个一星
体育委员工作站；构设委员之家、赛事活动、服务超市、健身场地、
健身百科等 8 个版块。[①]

天台县基层体育委员工作机制的具体做法是，采取"以强带弱"
方式，将体育场地设施较完备、健身团队队伍较庞大、社会体育指
导员配备较充分等体育基础条件较好的村（社区），打造成体育重点
村（社区），并以此为据点，发挥其辐射作用，带动周边村（社区）
的基层体育工作。体育重点村（社区）的体育委员可兼任片区体育
委员，承担本辖区体育委员队伍的组建、管理、指导等工作。在专
业队伍的遴选上，天台县主要依托全县现有的 1200 余名社会体育指
导员，推进"社会体育指导员—基层体育委员"的身份角色转换工
作，实施"两员"（即社会体育指导员与基层体育委员）协同发展。
以天台县三合镇为例，其落实基层体育委员工作机制的举措为：一
是成立三合镇基层体育委员工作总站，选聘 26 位各村体育能人担任
体育委员，建立一套自上而下的科学组织架构和服务体系。二是依
托各行政村建有的村级体育文化活动中心，配备健身路径等器材，
常态化开展各类体育文化活动，并辐射到周边村。三是以"片区化
组团"为基础，建立体育服务超市"你点我送"工作制度和活动计

---

① 天台县统计局关于 2021 年全县经济和社会发展的统计公报 ［EB/OL］. 天台县人民
政府网，2021-04-07.

划，实施各片区间联盟体育活动点单"走亲"。四是开展体育民生实事项目领办，即由体育委员承担协调、指导、督促相关村体育项目场地建设和建成后的使用、管理，并以县级体育社会组织和镇级专业性指导团队为"后援团"，提供"全方位、立体式"的体育指导。

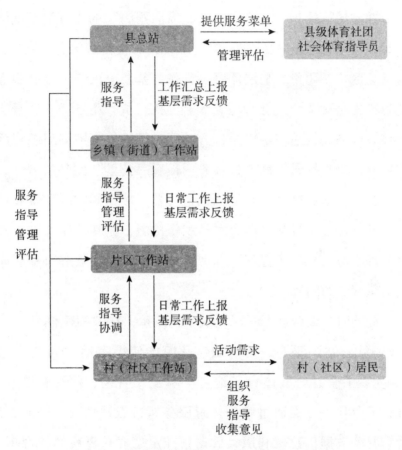

图 15　天台县基层体育委员网格化管理体系流程图

浙江省天台县从全面落实全民健身国家战略出发，创新基层体育委员工作机制，构建县、乡、片、村四级公共体育服务网格，出政策、强保障，全域一体推进基层体育服务提速增效，为台州市乃至全省的基层体育治理提供了"天台样本"。实践证明，天台县积极探索基层体育委员工作机制，有效整合了社会群众力量，促进了全县全民健身事业常态化发展，是践行全民健身国家战略的一项切实有效的创新举措。① 天台县通过"一片区一委员、一村一委员"的设立，在基层构建起了"横向到边、纵向到底"的体育组织网络体系，即以体系化推进基层网格"一体共治"，使得基层全民健身公共服务无盲区、无死角。基层体育委员作为基层全民健身公共服务的落脚点，也是落实全民健身国家战略的执行员，还是老百姓身边的公共体育服务员；他们不仅是提升基层老百姓体育锻炼组织程度的重要媒介，也是打通体育公共服务"最后一公里"的基层载体，还是让体育成为基层精神文化层面的避震器、减压阀、缓冲带和助推剂。就此，通过推行基层体育委员工作机制，让基层体育委员参与体育管理，协助基层体育部门开展体育工作，能有效解决基层体育部门力量薄弱的问题。

与此同时，天台县不断深化数字化改革，在"浙里健身"上线"体育委员 e 站"平台，通过数字化赋能使得运动健康"一键直达"，实现了全县公共体育场地可"掌上"查询、预约和导航等。此外，天台县一方面通过整理体育服务超市点送情况、服务人次、评价情况等数据信息，利用大数据精准定位群众喜欢的体育项目，体育委员从"流动服务"到"精准服务"；另一方面打通了"体育委员 e 站"平台与县医共体健康地图的数据通道，能够精准获取慢

① 张学兵，章碧玉，孟令飞，等. 全民健身背景下基层体育委员工作机制的思考：基于浙江省天台县的实践经验［J］. 体育学刊，2021，28（5）：51.

性病群体的分布情况，以及推送"健康建议"，夯实了全民健身与全民健康融合的基石。

图16 天台县"体育委员e站"平台界面

天台县通过规范化建设县级体育委员工作总站、乡镇（街道）体育委员工作分站、片区体育委员工作站、村（社区）体育委员工作站，明确组织机构，抓好阵地建设，健全长效机制，全面推进基层体育治理现代化。其中乡镇（街道）设立基层体育委员工作站，做到有牌子，有办公场所，有组织机构，有明确职责分工，有管理机制，有队伍，有活动，有台账资料等；成立乡镇（街道）体育协会 5 个以上，并在乡镇（街道）登记备案或经审批局批准后设立。片区、村（社区）体育委员办公场所，做到有牌子，有组织机构，有管理制度，有工作台账；建有能正常开展活动的健身场地，有场地设施管理制度，有体育元素宣传内容和相应的标识标牌，有满足群众日常健身活动所需的设备、器材，并做好日常维护、管理；在公园绿地、墙面等有体育文化宣传氛围，有健身知识宣传橱窗，并定期更换宣传内容；有健身团队，并有专人负责；有登记备案，经常性开展活动。

综上，这一工作方式，使全民健身公共服务的获得更容易、形式更丰富、参与度更好，营造了"人人可锻炼，人人能锻炼，人人爱锻炼"的全民健身新氛围。鉴于天台县的成功经验，浙江将在全省范围内全面推行基层体育委员工作机制（2022 年 7 月 25 日，浙江省体育局发布公开征求《关于全面推行基层体育委员工作机制的实施意见（试行）的通知》），并明确围绕省体育数字化改革部署，打造省级基层体育委员应用通用场景。在国家体育总局与浙江省人民政府签署的《关于支持浙江省体育领域高质量发展建设共同富裕示范区的合作协议》中，也明确了支持浙江省开展基层网格化全民健身综合服务管理试点，基于此，浙江省将进一步探索建立基层体育委员、社会体育指导员、健康生活指导员"三员"机制，构建县级以下体育基层治理的新路径。

第六章 全民健身迈向全民健康的 未来发力点

一、持续推进全民健身公共服务的均等化

（一）减小全民健身公共服务差距缓解社会矛盾

党的十九大报告中，习近平总书记明确指出："我国社会主要矛盾已经转化为人民日益增长的美好生活需要和不平衡不充分的发展之间的矛盾。"首先，社会主要矛盾从"物质文化需要"转变为"美好生活需要"这一提法，就充分证明了人民的生活已经不再拘泥于温饱、教育、物质等方面，而是追求生活质量、情感体验与享受生活。其次，作为世界第二大经济体，我国发展不平衡与不充分现象还很明显，如我国的各地区教育、医疗发展水平，资源调配等方面的不平衡与不充分。[①] 最后，随着我国已经进入全面建成小康社会

---

① 吕普生. 论新时代中国社会主要矛盾历史性转化的理论与实践依据 [J]. 新疆师范大学学报（哲学社会科学版），2018，39（4）：19.

的决定性阶段，在这个"后贫困时代"，我国已经从绝对贫困转化为相对贫困，这就需要针对相对贫困的现状，来为全民健身工作营造良好的发展环境。

全民健身是全面建成小康社会的重要保障，是建设健康中国的重要内容。在国家建设小康社会的道路上，全民健身所涉及范围广，通过缩小全民健身公共服务中的诸多差距能够有效缓解当前社会的主要矛盾。首先全民健身战略的实施能够帮助人们获得更幸福、更美好的生活，随着全国各地群众体育的开展，体育已经是当下国民生活中不可缺少的一部分，它所特有的身体活动性、娱乐性、交往性等特质能够让人们在生活中获得身体的快感与情绪的释放，丰富人们的业余生活、纾解人们的工作压力、提升人们生活质量，从机体及心理上满足人民日益增长的美好生活需要。其次，面对不平衡不充分的发展问题，全民健身公共服务供给通过场地器材的完善、特色体育的营造、健身活动的开展等措施推动服务均等化。

健康中国战略大力推进"体医融合"，为人们的健康、医疗带来充实的保障，并通过横向与纵向的高质量发展方式，充分体现了体育助力共同富裕的综合价值。随着我国实现了全面脱贫，在相对贫困的后脱贫时期中，依托高质量全民健身公共服务体系建设的契机，针对弱势群体、弱势社区、欠发达地区加大基础设施的投入，增加就业岗位，完善针对性健身器材，为弱势群众提供更多的保障，缓解贫富差距以推动共同富裕建设。因此，在新时期面对中国社会发展的新矛盾，通过减小全民健身公共服务发展中存在的差距，能够最大限度地发挥体育的多元功能，同时对于促进全体人民共同富裕也具有重大意义。

（二）优化全民健身公共服务供给方式提高效率

全民健身公共服务是体育领域中的公共产品，具有公共性这一产品属性，然而，由于我国健身群体性质复杂，要推动全民健身公共服务均等化就必须不断优化其供给方式。同时，我国全民健身公共服务还存在着供需矛盾突出、协同格局未形成、政策执行力不足、健身氛围和群众满意度等一系列难题，[①] 亟待解决。全民健身工作中的每个阶段都有各自的难题，全民健身公共服务必须实时地根据我国全民健身发展的现状来不断改进其供给方式，使这种供给方式能够与人民群众日益增长的体育需求相耦合。因此，需要结合全民健身公共服务公共性的特点，以推动均等化为目标，经过现状评估、问题识别、分析缘由、具体实施以及效果保障等环节不断提升全民健身公共服务的供给效率，为居民提供物美价廉的全民健身公共服务。

事物是不断变化发展的，全民健身国家战略作为保障改善民生的着力点亦是如此，故在全民健身公共服务建设中要以发展的眼光找问题，适时找出新问题并解决。首先是全民健身公共服务的现状评估与问题识别。在全民健身发展的不同阶段存在着不同问题，因此要推动均等化发展必须对全民健身公共服务发展的现状进行评估，找寻其短板，并分析导致这些不足的原因。这一步是改变供给方式

---

① 郑家鲲. "十四五"时期构建更高水平全民健身公共服务体系：机遇、挑战、任务与对策［J］. 体育科学，2021，41（7）：5.

的第一步，利用这种问题导向性方法有助于高效地提升全民健身公共服务的质量。其次是围绕现存的难题改进供给方式。鼓励"PPP"模式、委托代理、体育公益等模式的发展，实现多路径完善全民健身公共服务的不足。积极补齐农村偏远地区场地器材设施，提升全民健身公共服务供给质量，缓和供需矛盾；建立全民健身公共服务协同治理模式，提升不同部门共同参与全民健身工作的积极性；营造全民健身新风尚，提升群众对全民健身公共服务的满意度。最后，对全民健身公共服务的改进效果展开评估，同时开启新一轮的问题识别，形成全民健身公共服务发展的良性循环。完善不同群体、不同地域的全民健身公共服务绩效评价指标体系，对全国各地的全民健身公共服务绩效进行评价，以确保改进工作的实效性，持续推动公共服务绩效均等化发展。

（三）加强全民健身公共服务标准化建设提升质量

2022 年国务院办公厅印发了《国家标准化发展纲要》，纲要中明确提出要强化标准化工作统筹推进，并指出要实施基本公共服务标准体系建设工程。实现全民健身公共服务标准化建设是推动其均等化发展的必然选择，全民健身公共服务标准化是对全民健身公共服务具有重复性特征的工作标准的完善过程，它是为了提升全民健身公共服务成效的活动过程。[①] 因此，推动全民健身公共服务均等化必须加强全民健身公共服务标准化建设。在全民健身公共服务的标

---

① 王学彬，郑家鲲. 基本公共体育服务标准化建设：内容、困境与策略 [J]. 体育科学，2015，35（9）：12.

准化建设过程中要积极贯彻需求导向与问题导向这两大基本原则，以实现基本均等化为根本目标，通过对不同地区的评估，设定好兜底标准、平均标准以及最高标准的分级标准体系，同时通过科学研究与社会实践来保证所设立标准的科学性和可行性，利用这种标准导向方式来推动全民健身公共服务均等化发展。

根据《中华人民共和国标准化法》，标准包括了地方标准、行业标准、国家标准等，其中国家标准又分为推荐性国家标准和强制性国家标准，其中其他标准的制定必须高于强制性国家标准，也就是说强制性国家标准就是我们的兜底标准。因此，在加强全民健身公共服务标准化建设的过程中所设立的标准都必须高于这一兜底标准，之后对各地区进行评估来寻求平均标准和最高标准，以此形成全民健身公共服务的分级标准体系。在推进全民健身公共服务标准化建设过程中还要注意以下几个重点：其一，在对不同地区、不同对象的全民健身公共服务现状进行评估过程中，要依据当地实际情况进行基础评估、需求评估以及供给评估，根据当地的城市化水平、经济发展状况、人口性质等因素，对全民健身公共服务的各项内容进行评估，以便于明确其中没有达到强制性国家标准的部分。其二，根据当地全民健身公共服务的基础设定平均标准以及最高标准，通过制定分时间段目标来提升全民健身公共服务发展水平。其三，各部门根据所形成的标准展开工作，其中首要任务就是保证全民健身公共服务达到兜底标准，实现基本均等化，再推动当地全民健身公共服务落后部分向平均标准发展，同时找到当地发展突出的部分争取达到最高标准。如此一来推进全民健身公共服务标准化建设可以有效杜绝低水平均等现象的出现。

二、不断提升科学健身指导服务水平

（一）"健身+医疗"全周期保障国民健康

自全民健身工作开展以来，人们的体质健康水平有了一定的提升，但是当前关于国民健康问题还存在一些"顽疾"与"新病"，这些难题一定程度上阻碍了健康中国的建设。2020年12月31日国家卫生健康委副主任李斌在国务院新闻发布会中对《中国居民营养与慢性病状况报告（2020年）》进行了说明，他指出，"在2015—2019年期间我国居民的身体健康状况都有了一定的改善，但还是存在居民生活方式不健康与居民超重这两大挑战，其中2019年因慢性病死亡的人数占88.5%"[①]。此外，我国老龄化问题越来越明显，根据第七次人口普查调查结果显示，截止到2020年年底，大陆地区60岁及以上人口占总人口的18.7%，其中第六次与第七次人口普查的2010—2020年这十年间，我国老年人口数量增长了5.4个百分点，相比2000—2010年增长速度更快。[②] 再者，新冠疫情常态化、人口压力增大、公共医疗资源供不应求等现象为国民的健康保障带来了明显的不利影响。因此，在"体医融合"的背景下，通过健身手段与医疗手段相结合的方式能够给国民健康带来更多的保障。

---

① 《中国居民营养与慢性病状况报告（2020年）》发布会图文实录［EB/OL］. 国务院新闻办公室网站，2020-12-23.
② 第七次全国人口普查公报解读［EB/OL］. 国家统计局官网，2021-05-12.

体育与医疗高效结合不仅需要卫生、体育、人力资源等部门相互协作，还需要足够的资源支持。首先，"体医融合"战略已经形成了体育行业与卫生行业合作的大局面，在健康中国战略中通过开展健康宣传大会、体医结合相关活动，人们逐渐认识到体育锻炼对预防疾病的重要性，帮助人们树立大健康的观念、养成健康的生活方式、培养健康的兴趣是促成健康人生的良策。其次，加强健身医疗方面的研究，卫生领域的理论应用到体育锻炼中来，如运动康复、疾病预防等方面，积极探索"体医融合"的更多可能性，帮助人们不断提升医疗健身指导水平。最后，加强健身医疗方面人才的培养，增加体育专业与医学专业的交叉学科研究，培养复合型人才用以提供运动健康服务。推进体育产业与健康产业的多元融合，积极探索可穿戴设备、运动医疗健身器材、智慧化医疗健康应用等研发，通过体医融合促进产业融合，通过消费者的消费导向把握群众健康真实需求，提升科学健身指导水平。综上，通过资源、人力、市场的融合，让体育与医疗手段共同提高人民的体质健康状况。

（二）科技赋能体育创新健身指导方式

《"十四五"体育发展规划》中明确提出了智慧化全民健身，利用物联网、互联网、大数据等技术对健身赋能，创新全民健身发展模式。作为新动力，科技的发展不仅给全民健身带来了焕然一新的变化，也给人们的健身指导方式带来很大的冲击。在竞技体育领域中，科技赋能已经成为竞技体育发展不可缺少的一部分了，从裁判的鹰眼技术帮助判罚，到运动员训练的传感器、陀螺仪等技术的应用，再到教练组的心率监测、AI 技术的使用。在群众体育领域中，随着科技对体育赋能的不断深化，全民健身的智能化也开始逐渐普及。① 当前数字技术对于群众健身方式的赋能更多围绕升级智慧化健身场馆、器材以及可穿戴智能设备来改变健身主体传统的健身方式。除此之外，如 keep、悦动圈等线上 APP 的普及给予了健身主体对自身健身活动方式的更多选择，通过学习线上平台不同项目的课程来培养更广泛的体育兴趣。故科技赋能全民健身经过不断创新健身指导方式能够有效提升科学健身指导水平。

虽然随着智慧体育的兴起，数字计划给体育带来了明显的改变，但是在全民健身领域还是围绕智慧场馆的建设，关于让健身主体获得更高水平健身方式的路径尚未明晰，因此需要进一步利用科技的可能性创造更新颖的健身方法。首先，探索更多科技赋能可能性。以智能健身设备为媒介，精心开发更多的健身功能，如开发一种从健身主体诊断—运动处方的制定—健身计划的制定—健身过程的指导—运动过程的监控的整个智能健身模式。让健身主体从健身伊始就能够接受完备的智慧健身服务，从而提升自我运动体验感。其次，在技术层面要构建问题解决方案。由于科技赋能在全民健身领域还不够成熟，在赋能过程中往往容易出现一系列的技术问题，需要构建用户反馈机制与问题解决方案，让科技赋能体育发展更加深化。最后，发挥市场的活力。激发企业主体对科技赋能全民健身的开发热度，与此同时，政府部门通过颁发相关优惠政策，激发企业开发

---

① 郑芳，徐伟康．我国智能体育：兴起、发展与对策研究 [J]．体育科学，2019，39（12）：20.

科技赋能健身指导新路径的活力，推动科技赋能体育的高质量发展。

（三）健身主体多元化丰富健身手段

体育运动项目的选择是全民健身工作中不可忽视的问题，不同的运动项目都有各自的健身功效，若要达到相应的健身效果，不同的健身群体也会选择不同的健身手段。《"十四五"体育发展规划》中的项目发展普及工程专栏中就提出要积极探索不同运动项目的推广模式，不断扩大项目影响。根据全国体育场地第七次普查基础数据显示，我国当前体育场地总量中，篮球场占比27.39%、全民健身路径占比23.39%、乒乓球场地占比22.89%，除去羽毛球、田径、足球项目的场地，其他运动项目的健身场地仅占4.10%。可以得出当前我国场地设施配备的不足是导致健身主体选择健身手段单一的重要影响因素之一。此外，随着全民健身工作的不断开展，各年龄阶段的人群也都开始重视健身，不同年龄阶段选择适合自身的运动项目变得尤为重要，例如适合老年人的门球、太极、棋牌等。因此，为满足不断增长的健身需求，弥补全民健身供不应求的缺口，就需要积极引领健身主体来选择自己感兴趣的运动项目。

要引领健身主体选择不同的运动项目，实现健身手段多元化发展必须要有相应的办法来推动这条路径的实施。首先，对硬件设施的配齐。场地种类的不足是阻碍健身主体无法参加其他运动的重要原因之一，要积极配备人们感兴趣的运动场地，满足健身群体选择不同健身手段的基本要求。同时加强对场地建设的监督，保证场地的建设品质，使健身主体在尝试新的体育项目时能够获得高质量的运动体验。其次，简化竞技项目比赛规则，令更多的人民能够参与到不同运动项目中来。例如腰旗橄榄球，经过对传统橄榄球的改进，减少了身体碰撞，降低安全隐患，这种非冲撞性运动深受当前年轻人的欢迎。因此降低各运动项目的入门门槛也是促进健身群体选择更多运动项目的有效途径之一。再者，加强不同运动项目赛事活动的举办。经过赛事的宣传作用吸引更多的人参与到平常少见的运动项目中，在比赛活动中获得不同项目带来的乐趣，以培养各健身主体认识到不同运动的价值从而产生兴趣。最后，鼓励体育场馆降低服务价格，吸引健身主体来尝试新运动。加大对体育企业和体育部门的经济补贴，推广更多免费或低价的运动项目，进一步激发群众参与体育运动的热情。

三、充分发挥全民健身的多元功能

（一）弘扬民族体育文化增强国家文化软实力

我国五千余年的历史源远流长，作为多民族的社会主义国家，各种文化百花齐放。习近平在 2013 年的中央政治局集体学习时就指出，提高国家文化软实力与"两个一百年"奋斗目标息息相关。随着我国经济社会的发展，基础设施建设、军事力量、教育水平等物质性硬实力已经处于全球领先水平，当下我们更需要注重的是民族精神、传统文化、价值观念等意识形态软实力的提升。2012 年国家体育总局发布的《关于加强体育文化工作的通知》中指出，加强我国体育文化建设是从体育"大国"迈向体育"强国"的必然要求，重点提出要做好体育文化发展的资源配置，推动体育文化"引进来，走出去"①。全民健身主要是围绕人民群众所开展的工作，我国的民族传统体育文化底蕴十分深厚，全民健身高质量发展也能够更好地弘扬我国体育文化，充分发扬民族传统体育中所蕴含的传统人文、社会交往、意志品质等价值，以全民健身的手段来增强我国文化软实力。

加强全民健身文化建设需要从健身主体个人、地区以及政府等方面来入手，最高效地发挥全民健身的文化价值。首先，从个人出发需要树立正确的健身观念，健身主体在体会体育锻炼给身体带来酣畅淋漓快感的同时，也能感受不同体育项目所蕴含的礼仪文化、人文价值、休闲价值，以此增强自身的体育文化底蕴，逐渐成为体育文化的传播者。其次，从地区出发要开展具有本土特色的体育文化活动。无论是民族传统体育项目还是现代运动项目，其中都蕴含着各自的文化价值，在地大物博的中华土地上，体育作为文化宝库需要各地区去挖掘，各地区要充分开发具有特色的地方性体育文化活动，使之成为地方名片，展示地区的魅力。当前已经有一些品牌性地方体育文化活动值得其他地方学习，如贵州黔东南州"村BA"的天亮文化，所谓天亮文化就指当地的篮球联赛从天亮开展到天黑再到天亮，并且整个比赛过程观众席座无虚席，这为全国地区体育发展树立了一个良好典范。最后，政府要积极引导各部门在开展全

---

① 关于加强体育文化工作的通知［EB/OL］. 国家体育总局官网，2012-04-26.

民健身活动时注重发扬体育文化的价值。体育文化是蕴含在各种运动项目和体育活动中的，如体育赛事的吉祥物、体育服装文化、体育旅游文化等。在全民健身开展过程中，各部门要在体育消费、赛事、活动中充分挖掘其各种潜在的文化，最终为增强国家文化软实力添砖加瓦。

（二）贯彻大健康观推动全民健身促进健康中国建设

健康中国战略是围绕国家健康未来发展而制定的重要战略，这里的健康所涉及的范围非常广。"大健康"价值观是能够统摄个人、社会、国家三个层次来引领大健康事业之实践，① 并有效营造全民健身战略实施的健康环境。当下，"健康"这一词并不只局限于生物机体健康，它涉及的方面极其丰富，如个体的心理、生理健康，社会的城市健康、社区健康，意识形态上的道德健康、价值观健康等。而全民健身中"全民"一词，不仅表现了其字面全体公民的意思，也体现了全面的意蕴。自此，健康中国战略与全民健身战略发展的目的趋同，在推进全民健身与全民健康相互融合的道路中，树立"大健康"的发展观念，可以有效促进全民健身和健康中国高质量发展。围绕"大健康"的价值观，就是要在全民健身工作中"以人民为中心"，在个人、社会以及国家中赋予健康发展的理念。

首先，全民健身引领国民健康的生活方式，培养身心健康的人民。人民群众是国家发展的中心，人民个体的健康是健康中国战略

---

① 闫希军，吴廼峰，闫凯境，等. 大健康与大健康观 [J]. 医学与哲学（A），2017，38（3）：10.

工作的核心。对于人们健康生活方式的培养，当前国家的控烟、指导膳食以及毒品安全教育等工作都是针对当下人们在生活中的一些不良生活习惯而开展的，即国家通过法律规范、价格控制、教育引导等方式来缓解当前社会人群的一些不良生活习惯。其次，营造健康环境，构建健康社会。健康的环境能够塑造健康的社会氛围，完备的社会支持能够保障基层工作顺利运行，优良的社会服务能够推动国民更积极地参与到全民健身与全民健康的工作之中。这就需要相关部门以健康为中心，通过优化公共健康服务、建设卫生文明城市、发展健康产业等方法来营造一个绿色健康的社会环境。最后，统筹全面发展深化"大健康"观在国家建设中的作用，以构建一个健康的社会主义国家。一是要完善城乡健康工程、健康保障，政府为农村与城市的健康事业发展给予充分的保障与支持是实现伟大复兴中国梦的重要环节。二是在健康国家建设过程中强化组织与实施，健全健康中国建设的协调机制；完善政府购买全民健身与医疗公共服务制度性举措；加强正面宣传，增强社会对健康中国与全民健身战略的认可度。三是将"大健康"观念融入我国"一带一路"的建设，继续推行健康中国全球卫生战略，发挥大国的责任，为推进全人类健康事业助力。

（三）提升全民健身在健康事业的地位彰显国家优越性

在全面建成社会主义现代化强国的过程中，健康事业与国家未来发展息息相关，习近平总书记指出，"健康是促进人的全面发展的必然要求，是经济社会发展的基础条件，是民族昌盛和国家富强的重要标志，也是广大人民群众的共同追求"①。全民健身是中国健康体系的重要组成部分，在中国特色社会主义发展的道路上，充分地保障着国家的健康发展。随着健康中国战略与全民健身战略的不断深化，全国各地的全民健身活动也开展得如火如荼，在面对国民健康的问题上，全民健身所取得的社会成果，充分彰显了中国特色社会主义的优越性。

首先，全民健身发展理念为国民生命安全带来保障。2020 年新冠疫情暴发，世界经济受到了严重打击，而我国在经济上成了全球唯一实现经济正增长的经济体，在抗疫成果上更是效率极高。出现这种现象的原因离不开我国以人民为中心的发展思想，我国面对此类卫生危机，果断采取合理的防疫措施并积极恢复生产，大力发展居家健身、线上马拉松等多种促进人民身体健康的活动。因此在面对国家公共卫生事件时，全民健身要不断地转变工作方式，以保证体育保障健康的实效性。其次，全民健身在国家健康事业中扮演了不可替代的角色。然而我国的全民健康事业在改革开放以后才逐渐步入正轨，全民健身作为体育行业的重要领域与其他部门所颁发的文件共同组成了属于中国的健康体系，如国务院发布的《突发公共卫生事件应急条例》《"健康中国 2030"规划纲要》《"十四五"国民健康规划》等文件，国家医疗保障局发布的《国家基本医疗保险、工伤保险和生育保险药品目录》，以及一些类似于《中国烟草控制规划》《学生体质健康标准》等文件，其中都有关于全民健身的阐述。

---

① 习近平. 习近平谈治国理政 [M]. 北京：外文出版社，2014：28.

最后，随着全民健身开始与医疗、旅游、康养、教育等领域交融，其影响力也在不断提升，持续推进全民健身与多领域合作无疑对我国健康事业的进步具有现实意义。

四、始终坚持数字改革引领全民健身高质量发展

（一）数字赋能提升全民健身公共服务治理水平

2013 年审议通过了《中共中央关于全面深化改革若干重大问题的决定》（以下简称《决定》），《决定》中指出要推进国家治理体系和治理能力现代化。随着信息技术的更新换代，数字化技术已经不断对国家各方面工作的治理开始赋能，可以说数字世界与物理世界相互影响、融合共生将成为一般趋势。[①] 全民健身公共服务治理一直是全民健身战略高效运行的重要保障，在推动全民健身高质量发展的道路上，信息技术的发展给全民健身治理带来了一个新的发展契机。数字赋能全民健身公共服务治理是以大数据、区块链、物联网等信息技术为基本要素，以提升整体治理能力为主要目的，保证全民健身各项工作开展合理有序的一条发展路径。在推动数字赋能全民健身公共服务工作中，需要建立系统的、整体的、协同的工作理念，以此构建高效的数字化治理模式。

首先，建立全民健身公共服务大数据库为全民健身数字治理奠

---

① 鲍静，贾开. 数字治理体系和治理能力现代化研究：原则、框架与要素 [J]. 政治学研究，2019（3）：28.

定坚实的基础。数字化治理是依靠数据在数字虚拟空间中传达治理信息，在建立全民健身数字治理模式前，需要围绕全民健身所涉及的内容将物理空间中的事物转化为信息空间中的数据，以此实现线上与线下的相互衔接。之后围绕所构成的大数据库，将治理信息在虚拟空间中传递，以此有效规避信息不全、时空阻碍等困境。其次，加快数据库的更新。全民健身作为国家战略，每一个发展阶段都有不同的目标，因此为了保证所构建的数据库与全民健身工作相适配，必须加快全民健身数据库的数据更新速度。这就需要建立一个整体明确的数据获取方案，基层、体育社会组织和政府三方协同，积极主动配合数据收集工作，加快全民健身大数据库的工作数据流通。再者，提升基层信息技术使用能力。信息技术对全民健身公共服务治理的赋能需要足够的技术支撑。我国的居（村）委会是由人民选举产生的自治组织，其中主要工作人员也是当地的普通居民，这就会面临技术使用障碍的难题。因此在构建数字治理格局时，需要通过技术下乡、专业指导等手段来提升基层部门的信息技术使用能力。最后，完善相关法律法规保障数字治理的合法性。信息技术给人们带来便利的同时也带来了数据安全隐患，需要构建相应法律法规来保证全民健身数据的安全性，同时加强监督，利用"法律之网"控制数字犯罪。

（二）数字体育发展推进全民健身数字化改革

国家体育总局副局长李颖川在 2022 年 7 月 24 日第五届数字中国建设峰会数字体育分论坛中表示，随着全球信息技术创新日益加快，体育与数字的融合协同、创新正在加速演进。① 随着数字体育的不断发展，它已经成为体育强国建设发展的重要路径，其中数字化赋能已经成为全民健身高质量发展的重要抓手。从政府角度出发，国家也正在积极地从各方面推动数字赋能全民健身，《提升全民数字素养与技能行动纲要》和《关于加强数字政府建设的指导意见》都强调了要提升政府、市民的数字素养来迎合已经到来的数字时代；《"十四五"体育发展规划》和《全民健身计划（2021—2025）》也都提出要加强全民健身战略智慧化、数字化的色彩。从市场角度出发，全民健身的数字化改革之路已经启程，从可穿戴健身设备的身体状态监测，到线上健身指导平台越发成熟，再到体育产业的数字化转型，都体现出信息技术发展给全民健身带来了重大影响。从健身主体角度出发，他们为了追求良好的健身体验，购买智能健身设备的意愿也在不断增强。根据《财富》调查报告显示，2021 年健身可穿戴设备市场规模达到了 363 亿美元，复合年增长率达到了15.4%，预测 2028 年将超过 1100 亿美元。② 如此庞大的市场规模充分反映了健身主体的真实需求，因此，在推动全民健身高质量发展的道路上，要顺势而为，不断深化全民健身数字化改革。

在推进全民健身数字化改革的道路上，首先，强化顶层设计，这需要对全民健身数字化改革发展战略进行布局。浙江省作为共同富裕示范区在数字体育发展的道路上位居全国领先地位，该省为推

---

① 王辉.借鉴冬奥会经验进一步加强数字体育建设［N］.中国体育报，2022-07-25(2).

② 全球健身趋势排名榜首，市场规模已超 360 亿美元，健身可穿戴设备未来可期［EB/OL］.搜狐网，2022-04-11.

进数字体育进程出台了《浙江省数字体育建设"十四五"规划》，此规划为浙江省全民健身数字化改革绘制了发展蓝图，切实地推动了浙江省全民健身的发展。因此，要实现全面健身数字化的有效发展，必须要做出整体的布局规划，从顶层设计的角度出发设定全民健身数字化目标与任务，对数字化全民健身发展做出明确的战略布局。其次，营造全民健身数字化社会环境，体现全民健身数字化赋能的优越性。数字化全民健身的实施需要政府带领社会各部门构建信息数据平台，通过构建这一平台配备数字公共体育服务，通过对健身指导、智慧场馆、智能设备等服务的完善，营造全民数字健身的社会风潮。最后，对城市社区、农村、乡镇等基层地区数字条件进行配齐，完善数字体育开展的基础设施，配备专业技术人才与科技使用指导，从大众媒体对全民健身智慧化服务宣传等方面入手，切实创造基层全民健身公共服务发展条件，推动全民健身高质量发展。

（三）新一代技术驱动智慧化全民健身场馆建设

体育场馆作为全民健身战略开展的重要物质载体在全民健身工作中一直被视为重点建设内容。自从 IBM 公司提出"智慧化"以来，智慧医疗、智慧交通、智慧社区等项目不断发展，体育场馆发展趋势也逐渐受到了智慧化发展理念的影响，政府部门也开始对全民健身场馆智慧化建设给予了高度重视，陆续发布一系列政策如《全民健身计划（2021—2025 年）》和《"十四五"体育发展规划》中，都对全民健身场馆智慧化建设提出了明确要求，更是出台了专门性文件，如《体育场馆智慧化标准体系建设指南》，以及浙江省发布的智慧体育场馆建设省级地方标准等。由此可见，全民健身体育场馆智慧化转型已经是高屋建瓴，相比于传统的体育场馆，智慧化体育场馆具有提升场馆利用率、满足传统场馆不能满足的个性化服务、突破场馆时空限制等优点。[①] 由此，为了更好地适应全民健身智慧化发展大趋势，满足人民群众日益增长的健身需求，利用新技术驱动智慧化全民健身场馆建设将是一条有效路径。

智慧化体育场馆需要以绿色、高效为发展理念，以5G、传感器、物联网等技术为支撑，对场馆各方面进行数字化设计。首先，注重智慧场馆建设的绿色节能化。当前节能环保可持续发展是社会各领域的发展主题，利用数字仿真、人工智能技术对传统场馆进行改造，以追求"一馆多用"。同时重点贯彻低碳发展理念，通过对能源管理智慧化，合理管控降低能耗。其次，智慧场馆运行过程中注重场馆经营智慧化。对场馆内部运营机制进行合理化分配，运用科技来替代一些简单的场馆经营工作，降低场地运营成本。构建线上场馆数据平台，对场馆预约、使用率、维修等信息进行量化，配齐赛事管理、资源获取等功能，让场地管理者能够更"智慧"地满足健身主体的需求。最后，加强场馆服务智能化。从门禁、场地空气环境、拍照服务、健身指导、器材等重要方面进行智能化转型，提升健身主体的健身体验感。运用人像识别、微信扫码、指纹技术实现无人门禁；运用场地环境感应器实时监控场馆内的温度、湿度等

---

① 傅钢强，刘东锋. 我国体育场馆智慧化转型升级：基本内涵、逻辑演进、关键要素和模式探究［J］. 体育学刊，2021，28（1）：82.

环境条件，并自动做出相应的调整；配备人工智能机器人满足用户的引导、拍照、健身指导等需求；开发智能健身设备对健身技术较差的人群给予充分的安全保障。

五、全面营造公平正义共建共享的安全格局

（一）营造公平正义共建共享安全格局的价值意蕴

党的十八大以来，党中央在社会建设中积极探索，为国家营造了全民共建共享的社会格局、公共安全的发展观、社会公平正义的民生体系等一系列的新思想。① 这一系列新思想在我国全面建成小康社会和推进社会主义现代化强国的发展进程中发挥着至关重要的作用。当前，我国已经进入社会主义发展的新时期，我们更加向往文明、和谐、公正、法治的社会。而我国全民健身发展过程中或多或少存在着一些"顽疾"，随着全民健身上升为国家战略后，推动全民健身的高质量发展成为民之所向，因此亟须构建一种安全格局来应对群众中各种纷杂的问题。这里所指出的营造公平正义、共建共享的安全格局，在理论上就是让国民身处正义和谐的健身环境，享有公平的健身权利，让全民健身的发展模式和治理手段更加多元化和高效化。

公平正义、共建共享的安全格局是我国作为世界大国为推动亚

---

① 程国花. 十八大以来我国社会建设的新理念、新实践与新方向 [J]. 社会主义研究，2017（4）：15.

洲和平发展的新安全观。① 这种安全发展的理念在一定程度上恰好与全民健身发展所需要的发展环境相契合。首先，全民健身原本就是围绕我国全体人民幸福生活而推动的国家战略，它以提升国民体质健康状况为根本目的。在全民健身工作的开展中，人民需要享有公平健身的机会，获得均等化的全民健身公共服务以及行使公平的体育权利。其次，当前全民健身开展过程中存在一些不良的恶性事件，其中涉及了噪声管控、交通堵塞、场地归属等不同领域的问题，为了减少这些不良现象，需要在全民健身开展伊始就贯彻正义的发展观念，让人们能够在享受健身的同时自觉维护健身环境，营造文明和谐的健身氛围。再者，"共治、共建、共享"的发展理念已经渗透到我国社会发展的各方面，而社会治理在本质上应该具有共建共享性，② 全民健身公共服务治理作为社会治理的一个重要组成部分，也应当在治理与运作方式上贯彻共建共享的理念。综上所述，这一公平均等的供给模式、正义和谐的健身观念，以及共建共享的全民健身治理运作模式，对于全民健身工作高质量开展具有重要现实意义，因此营造一个公平正义、共建共享的安全格局迫在眉睫。

（二）强化制度正义奠定全民健身安全格局

空想社会主义是现代社会主义的主要起源之一，也就是乌托邦

---

① 营造公平正义、共建共享的安全格局（命运与共）［EB/OL］. 人民网，2021-05-21.

② 王思斌. 社会工作在构建共建共享社会治理格局中的作用［J］. 国家行政学院学报，2016（1）：44.

社会主义。柏拉图构建了"正义的乌托邦",它主张正义是每个国家之美善美的范本。① 作为当今社会主义现代化强国,我国正在不断地向共产主义社会方向迈进,其中社会正义也是实现中国梦不可忽略的一个部分。罗尔斯(John Bordley Rawls)在《正义论》中提到,制度正义具有压倒一切的重要性,要构建一个正义的社会首先要解决的就是制度正义。② 正因为正义是公平的上层观念,所以在全民健身上层建筑的制度供给中,只有切实贯彻正义才能真正实现全民健身的公平。首先,当前全民健身开展过程中存在一些"疑难杂症"深深困扰着人们,从之前的广场舞噪声扰民,到后来流行的飞盘、腰旗橄榄球运动场地鄙视链等,这些运动项目的主要参与者包括了老年人和年轻人以及青少年,因此这些问题的出现不能只归咎于某个群体或某个部门,相应管理政策的欠缺也是问题暴露的主要原因之一。其次,体育活动的开展需要大量的财政支持,运行过程中各种纷杂的利益关系难以处理,尤其是全民健身公共事务中出现的贪污、腐败、公地悲剧等现象极大地违背了正义之举,故从制度供给出发是推动全民健身公平发展的重要路径。

构建制度正义需要立足于人民群众的健身需求,从多维角度入手,以人民为中心与上层建筑进行配套。首先,构建强硬手段的制度体系,进行法律方面的完善,通过调查全民健身不良问题出现的原因,设定层级处罚的明文规定,从基本管理办法到管理规章条例

---

① 朱红英. 西方乌托邦文学溯源之柏拉图对话录 [J]. 宁夏大学学报(人文社会科学版),2011,33(5):131.

② 龚群. 正义之首:罗尔斯的社会制度正义 [J]. 湖北大学学报(哲学社会科学版),2021,48(6):2.

最后上升到法律层面，建立全民健身治理的层级体系，让相关部门在处理全民健身不良问题时能够有法可依。其次，使用软手段加强正义宣传，以文明、和谐健身为主题，利用互联网、自媒体等媒介进行健身宣传，让各健身群体之间建立一种相互协助、良性竞争的和谐画面，这不仅能够有效提升人民群众的健身体验感，还能最大限度地发挥体育社交功能。最后，利用激励手段提升人民群众对全民健身的反哺效应，颁布关于健身群体反哺全民健身的激励政策，设立奖励方法与手段，鼓励群众积极参与志愿者工作、举报不良健身现象以及开展一系列有利于全民健身有序开展的行动，让全民健身服务的客体更好地反哺社会，推动全民健身的各个方面形成良性循环。

（三）构建协同格局实现全民健身共建共治共享

在我国市场经济迅速发展的背景下，社会公共事务中各主体所追求的利益会有一定偏差，政府为追求公共利益而主张公平，市场注重经济利益又主张效率，① 体育参与者则是从个人利益的角度追求健康。但是在党中央"以人民为中心"发展理念的统领之下，就必须从人民群众的角度出发，而后兼顾各部门利益，因此要构建多主体相互协同的格局，实现全民健身全方位共建共治共享。首先，政府近年来的"放管服"改革议程主张简政放权，让基层拥有更多的活力，这与"人民共同建设社会，共同享受成果"相适应。其次，

---

① 王振中. 市场经济下的政府职能 [M]. 北京：社会科学文献出版社，2009：41.

全民健身开展的初衷就是让全体人民共享健身带来的益处，故人民群众作为基层主体也需要参与到全民健身中，这才能体现共建共治共享的主旨。最后，由于全民健身、健康中国等针对人们健康问题提出的国家战略并不是一个部门就能够包办，需要多部门相互协作才能高效率完成工作。此外，政府、社会组织、社区居委会等不同性质的单位也要相互协作才能够上下齐心，形成合力。正是社会治理所倡导的共建共享性，要求全民健身必须构建协同合作的发展格局。

构建全民健身共建共治共享的发展格局，必须将共建共治共享的理念贯彻全民健身运作与治理的全过程。首先，建立政府主导与社会自治相结合的良性发展模式，加强政府、社会组织与健身群体之间的联系纽带，以合作、互动为工作导向，推动全民健身治理与运作高度协调。其次，积极探索互联网、大数据等新兴技术的赋能效应，建立智慧化发展平台，通过"线上+线下"的发展模式优化全民健身资源配置，增加全民健身多元主体的黏合度，实现全民健身共建共治共享格局的跨时空发展。最后，加强全民健身跨领域融合发展，推动医疗、旅游、康养、教育与体育合作，探索各领域之间共建共治共享，充分挖掘全民健身所蕴含的多元价值来增强人民福祉。

主要参考文献

一、著作

［1］习近平．习近平谈治国理政：第二卷［M］．北京：外文出版社，2017．

二、期刊

［1］包庆德，宁琳琳．新中国成立以来中国共产党的生态保护与绿色发展使命［J］．城市与环境研究，2022（2）．

［2］鲍静，贾开．数字治理体系和治理能力现代化研究：原则、框架与要素［J］．政治学研究，2019（3）．

［3］陈艳波，王奕霖．人类文明新形态的世界历史意涵［J］．云南师范大学学报（哲学社会科学版），2022（3）．

［4］陈昌丰，朱映雪．习近平的人民观：坚持"人民主体论"与"人民中心论"的辩证统一［J］．理论导刊，2019（2）．

[5] 陈建胜. 农村社区文化营造何以可能与何以可为：以杭州农村文化礼堂建设为例 [J]. 山东社会科学，2015 (9).

[6] 陈华荣. 实施全民健身国家战略的政策法规体系研究 [J]. 体育科学，2017 (4).

[7] 程国花. 十八大以来我国社会建设的新理念、新实践与新方向 [J]. 社会主义研究，2017 (4).

[8] 习生虎. 习近平生态文明思想对中华传统生态智慧的传承与发展 [J]. 江苏社会科学，2022 (2).

[9] 戴志鹏，王岗. 我国全民健身的工作格局变迁与政策体系演进 [J]. 武汉体育学院学报，2017 (11).

[10] 冯加付，郭修金. "一核多元"视角下我国公共体育服务供给主体互动关系及推进策略 [J]. 体育文化导刊，2020 (5).

[11] 付冰，王家宏. 我国公共体育服务建设引入信息披露制度的研究 [J]. 北京体育大学学报，2018 (5).

[12] 房英杰，王子朴，张政龙，等. 新时代中国特色社会主义全民健身的困境与有效路径 [J]. 哈尔滨体育学院学报，2022 (3).

[13] 傅钢强，刘东锋. 我国体育场馆智慧化转型升级：基本内涵、逻辑演进、关键要素和模式探究 [J]. 体育学刊，2021 (1).

[14] 龚群. 正义之首：罗尔斯的社会制度正义 [J]. 湖北大学学报（哲学社会科学版），2021 (6).

[15] 葛和平，吴福象. 中国贫富差距扩大化的演化脉络与机制分析 [J]. 现代经济探讨，2019 (5).

[16] 海青山，金亚菊. 大健康概念的内涵和基本特征 [J]. 中

医杂志, 2017, 58 (13).

[17] 胡扬. 从体医分离到体医融合: 对全民健身与全民健康深度融合的思考 [J]. 体育科学, 2018, 38 (7).

[18] 霍军, 李海娜. 全民健身战略下体育产业社会化运行机制研究 [J]. 山东体育学院学报, 2016, 32 (3).

[19] 黄义军, 翟东波. 全民健身公共服务体系研究现状及发展策略 [J]. 西安体育学院学报, 2017, 34 (2).

[20] 康玲芬, 李明涛, 李开明. 城市生态—经济—社会符合系统协调发展研究: 以兰州市为例 [J]. 兰州大学学报 (社会科学版), 2017, 45 (2).

[21] 李娟, 刘紫薇. 全民健身与全民健康深度融合的内涵、现实困境与多维路径研究 [J]. 沈阳体育学院学报, 2021, 40 (1).

[22] 李小进, 冯俊辉. 和谐社会视角下家庭体育的定位、功能及发展策略研究 [J]. 体育文化导刊, 2017 (9).

[23] 李龙. 全民健身治理现代化的机遇、挑战与路径 [J]. 体育学刊, 2017, 24 (5).

[24] 林毅夫. 疫情下的全球经济及中国应对 [J]. 理论导报, 2020 (6).

[25] 廖远朋, 王煜, 胡毓诗, 等. 体医结合: 建设 "健康中国" 的重要途径 [J]. 成都体育学院学报, 2017, 43 (1).

[26] 廖磊, 叶燎昆, 高奎亭, 等. 全民健身公共服务供给协商决策: 实践困境与优化策略: 基于协商民主理论视角 [J]. 武汉体育学院学报, 2022, 56 (6).

[27] 刘玉. 发达国家体育公共服务社会化改革经验及启示 [J]. 西安体育学院学报, 2011, 28 (3).

[28] 刘玉. 我国体育公共服务社会化系统运行理论、困境及路径 [J]. 上海体育学院学报, 2013, 37 (1).

[29] 刘志成. 我国城市社区全民健身公共服务体系构建研究 [J]. 体育与科学, 2012, 33 (4).

[30] 刘峥, 戴健, 程华. 全民健身公共服务的立法需求、供给与法治策略 [J]. 上海体育学院学报, 2016, 40 (1).

[31] 刘国永. 实施全民健身战略, 推进健康中国建设 [J]. 体育科学, 2016, 36 (12).

[32] 卢文云, 陈佩杰. 全民健身与全民健康深度融合的内涵、路径与体制机制研究 [J]. 体育科学, 2018, 38 (5).

[33] 卢元镇. 全民健身文化建设刍议 [J]. 体育文化导刊, 2015 (3).

[34] 吕普生. 论新时代中国社会主要矛盾历史性转化的理论与实践依据 [J]. 新疆师范大学学报 (哲学社会科学版), 2018, 39 (4).

[35] 马蕊, 贾必成, 贾志强. 社区全民健身公共服务供给治理研究 [J]. 体育学研究, 2019, 2 (3).

[36] 马蕊, 贾志强. 政府与社区全民健身公共服务联动逻辑及路径创新 [J]. 南京体育学院学报 (社会科学版), 2017, 31 (2).

[37] 红英. 西方乌托邦文学溯源之柏拉图对话录 [J]. 宁夏大学学报 (人文社会科学版), 2011, 33 (5).

[38] 浦义俊, 宋惠娟, 邰崇禧. 善治视阈下公共体育服务均等

化路径选择 [J]. 成都体育学院学报, 2011, 37 (10).

[39] 祁文博. 网格化社会治理: 理论逻辑、运行机制与风险规避 [J]. 北京社会科学, 2020 (1).

[40] 冉钊, 周国华, 张鸿辉, 等. 城市健康资源与人口分布空间关联性: 以长沙中心城区为例 [J]. 资源科学, 2019, 41 (8).

[41] 史小强, 戴健, 程华, 等. 政府在购买全民健身公共服务中的角色偏差与矫正 [J]. 成都体育学院学报, 2018, 44 (1).

[42] 史小强, 戴健. 新时代全民健身公共服务绩效结构模型的构建与实证研究: 基于"以人民为中心"价值取向的量度 [J]. 体育科学, 2018, 37 (3).

[43] 孙晨, 李荣日. 数字时代全民健身公共服务治理现代化: 现实困境与实践转向 [J]. 沈阳体育学院学报, 2022, 41 (3).

[44] 宋平. 我国全民健身发展研究: 第四届全民健身科学大会论文报告会综述 [J]. 体育成人教育学刊, 2020, 36 (2).

[45] 唐刚, 彭英. 多元主体参与公共体育服务治理的协同机制研究 [J]. 体育科学, 2016, 36 (3).

[46] 唐皇凤. 新时代网格化管理的核心逻辑 [J]. 人民论坛, 2020 (20).

[47] 王思斌. 社会工作在构建共建共享社会治理格局中的作用 [J]. 国家行政学院学报, 2016 (1).

[48] 王效科, 苏跃波, 任玉芬, 等. 城市生态系统: 人与自然复合 [J]. 生态学报, 2020, 40 (15).

[49] 王春顺, 李国泰. 健康中国视域下全民体育生活方式的建

成路径探讨 [J]. 河北体育学院学报，2019, 33 (1).

[50] 王先亮，王晓芳，韩继振. 社会力量办体育的可行性及实现路径 [J]. 体育学刊，2016, 23 (6).

[51] 王志文，张瑞林，沈克印. 激励约束：政府购买公共体育服务中体育社会组织道德风险的应对 [J]. 沈阳体育学院学报，2021, 40 (3).

[52] 王学彬，郑家鲲. 基本公共体育服务标准化建设：内容、困境与策略 [J]. 体育科学，2015, 35 (9).

[53] 万发达，孟昭雯，邱辉. 新时代体育志愿服务参与体育治理的困境与消解 [J]. 体育学刊，2022, 29 (3).

[54] 万华颖. 新时代基层网格化治理的运行逻辑与优化路径 [J]. 重庆邮电大学学报（社会科学版），2021, 33 (6).

[55] 王定宣，易世君，刘中强，等. 全民健身公共服务网络化：一站式信息资源服务平台建设研究 [J]. 山东体育科技，2015, 37 (4).

[56] 王莉，孟亚峥，黄亚玲，等. 全民健身公共服务体系构成与标准化研究 [J]. 北京体育大学学报，2015, 38 (3).

[57] 吴文新，程恩富. 新时代的共同富裕：实现的前提与四维逻辑 [J]. 上海经济研究，2021 (11).

[58] 辛梦霞. 湖北全民健身公共服务平台建设初探：以"去运动"APP 为例 [J]. 体育文化导刊，2016 (6).

[59] 习近平. 扎实推动共同富裕 [J]. 求是，2021 (20).

[60] 薛天庆，朱永飞. "成为人"：休闲体育发展的时代诉求

[J]. 吉林体育学院学报, 2018, 34 (3).

[61] 于善旭. 中国政府对全民健身公共服务的法治推进 [J]. 成都体育学院学报, 2012, 38 (1).

[62] 于新亮, 上官熠文, 申宇鹏, 等. 因病致贫: 健康冲击如何影响收入水平? ——兼论医疗保险的脱贫效应 [J]. 经济社会体制比较, 2020 (4).

[63] 袁银传, 高君. 习近平关于共同富裕重要论述的历史背景、科学内涵和时代价值 [J]. 思想理论教育, 2021 (11).

[64] 袁跃, 甄国栋. 试论全民健身与国民幸福指数的关系 [J]. 体育文化导刊, 2018 (8).

[65] 闫希军, 吴廷峰, 闫凯境, 等. 大健康与大健康观 [J]. 医学与哲学 (A), 2017, 38 (3).

[66] 杨莉, 刘海燕. 习近平"两山理论"的科学内涵及思维能力的分析 [J]. 自然辩证法研究, 2019, 35 (10).

[67] 郑芳, 徐伟康. 我国智能体育: 兴起、发展与对策研究 [J]. 体育科学, 2019, 39 (12).

[68] 郑家鲲. "十四五"时期构建更高水平全民健身公共服务体系: 机遇、挑战、任务与对策 [J]. 体育科学, 2021, 41 (7).

[69] 张学兵, 章碧玉, 孟令飞, 等. 全民健身背景下基层体育委员工作机制的思考: 基于浙江省天台县的实践经验 [J]. 体育学刊, 2021, 28 (5).

[70] 张巧, 陈乐, 林立. 基于云平台构建全民健身网格化治理的实践路径 [J]. 闽江学院学报, 2021, 42 (5).

［71］张占斌，吴正海．共同富裕的发展逻辑、科学内涵与实践进路［J］．新疆师范大学学报（哲学社会科学版），2022，43（1）．

［72］张雪立．丰富精神文化生活，提升老年人幸福感：以湖北理工学院为例［J］．现代职业教育，2018（34）．

［73］张燕，郭修金，杨斌．我国公共体育服务组织体系的演进历程及模式建构［J］．上海体育学院学报，2015，39（3）．

［74］张佃波．社会力量参与全民健身公共服务供给：现实审视与实践路径［J］．体育文化导刊，2022（2）．

［75］张瑞林，王晓芳，王先亮．我国全民健身公共服务体系动力机制建设［J］．上海体育学院学报，2013，37（1）．

［76］张瑞林，王晓芳，王先亮．全民健身公共服务"一臂间隔"运作模式研究［J］．沈阳体育学院学报，2013，32（1）．

［77］赵广涛．新发展理念下城乡体育公共服务均等化价值与策略［J］．体育文化导刊，2022（2）．

［78］朱亚成，朱亚奇，侯光定，等．第四届全民健身科学大会综述［J］．浙江体育科学，2019，41（5）．

三、报纸

［1］窦瀚洋．把健身房建在百姓家门口［N］．人民日报，2021-11-26（13）．

［2］洪漩．满足人民多元化健身需求 打造全民健身"浙江骄傲"［N］．中国体育报，2022-04-20（1）．